Un Mundo de Comunidades

Escrito por

Marcia S. Gresko

Traducción

Julio González

Asesores Editoriales

John-Paul Bianchi

Deanna Washinsky

Joseph Gonzalez

BLACKBIRCH PRESS, INC.

Woodbridge, Connecticut

Publicado por Blackbirch Press, Inc.
260 Amity Road
Woodbridge, CT 06525

Sitio Web: www.blackbirch.com
Correo electrónico: staff@blackbirch.com

©2000 Blackbirch Press, Inc.
Primera Edición

Impreso en los Estados Unidos

10 9 8 7 6 5 4 3 2 1

Photo Credits

Front Cover: (Israeli family and Spanish girl) ©National Geographic Society; (tower) courtesy of China National Tourist Office; (Indian girl) courtesy of Air India; (fisherman) courtesy of Mexico Department of Tourism.

Page 4: ©PhotoDisc; page 5 (castle):© Blackbirch Press, Inc.; pages 5 (children), 41 (fishing), 42, 46, and 49: courtesy of Israel Ministry of Tourism; page 8: John Isaac/United Nations; page 9: ©Johnny Stockshooter/International Stock; page 10: ©Charlie Westerman/International Stock; page 11: John Isaac/United Nations; page 12: courtesy of Air India Library; page 13: John Isaac/United Nations; page 14: Frank Grant/International Stock; page 15: Elliot Smith/International Stock (market) and ©Elliott Smith/International Stock (children); page 16: courtesy of the United Nations; pages 17 and 22: courtesy of China National Tourist Office; pages 18-19, 23, 26, 28 (ballet), 29 (dolls), 30-31, 34-36, 39: ©Jeffrey Aaronson/Network Aspen; page 20: ©John Isaac (opera) and ©Barbara Bussell/Network Aspen (classroom); page 24: ©Steve L. Raymer/National Geographic Society; pages 25 and 29 (snowman): ©Dean Conger/National Geographic Society; page 27: ©Sylvain Grandadam/Photo Researchers, Inc.; page 28 (classroom): ©National Geographic Society; page 33: ©BKA/Network Aspen; page 37: ©James P. Blair/National Geographic Society; page 38: ©Nancy Durrell McKenna/Photo Researchers, Inc.; page 41 (desert): courtesy of Avdat; page 43: ©Jodi Cobb/National Geographic Society; page 44: ©B. Anthony Stewart/National Geographic Society; page 45 and 48: ©Johnny Stockshooter/International Stock; page 47: ©Michael Lichter/International Stock; page 51: ©Blackbirch Press, Inc.; page 52 (Abbey): ©D&J Heaton/Leo de Wys Inc.; pages 52 (children), 60, and 63: ©Jeff Issac Greenberg/Photo Researchers, Inc.; page 53: ©Susan McCartney/Photo Researchers, Inc. (London bridge) and ©NorthWind Picture Archives (Shakespeare); page 54: ©National Geographic Society; page 55: ©Joseph Scherschel/National Geographic Society; page 56: ©Fridmar Damm/Leo de Wys Inc.; page 57: ©Miwako Ikeda/International Stock; pages 59 and 64: ©Bob Krist/Leo de Wys Inc.; page 61: ©Stephanie Maze/National Geographic Society; page 62: ©David R. Frazier/Photo Researchers, Inc.; page 65: ©Len Kaufman/Leo de Wys Inc.; pages 67-73: ©Cotton R. Coulson/National Geographic Society.

Back Cover: (baptism and dancers) ©National Geographic Society; (communion girls) courtesy of Mexico Department of Tourism; (Taj Mahal) ©John Isaac/United Nations.

Tabla de Contenido

Introducción

Imagínate viajando en un avión jet alrededor del mundo. Te tomaría dos días circunvalar la Tierra. Durante tu viaje observarías diferentes tipos de paisajes. Verías escarpadas montañas e inmensas **llanuras**. Encontrarías miles de islas y mucha, pero mucha agua. Estarías volando tan alto que se te haría imposible ver la gente. Pero sí verías grandes ciudades y hasta pequeños poblados, así como fincas parecidas a un tablero de juego de damas.

La mayoría de los 6 billones de habitantes del mundo viven en planicies o en regiones de suaves colinas. Estas zonas usualmente son de tierra **fértil** (rica) y tienen buen suministro de agua. Esto las convierte en áreas aptas para el cultivo, la industria y el comercio. Menos gente viven en lugares montañosos o en desiertos. En estas zonas se hace difícil el cultivo de la mayoría de los alimentos. El suelo también es a menudo árido y la transportación es difícil.

DONDE LA GENTE VIVE INFLUYE EN *COMO* LA GENTE VIVE. Influye en el tipo de ropa que la gente usa y determina la clase de alimentación que ellos comen. Piensa en el tipo de ropa que estás usando en este momento. ¿Porqué tu ropa es como es? Piensa lo que cenaste anoche. ¿Qué parte de esos alimentos fueron cultivados en una zona cercana a tu casa? ¿Existe algún alimento que conozcas y que nuncas hayas tenido la posibilidad de comer?

Donde la gente vive también influye en como se construyen las casas. ¿En qué tipo de casa vives? ¿Se diseñó el techo para resistir el peso de mucha nieve? ¿O vives en una casa de concreto la cual se mantiene fresca todo el año?

En este libro conocerás como vive la gente alrededor del mundo. Aprenderás mucho sobre la gente de la India, China, Rusia, Sudáfrica, Israel, Inglaterra, Puerto Rico y Las Antillas. Verás también cuan variados son el paisaje y el **clima** alrededor del mundo. A medida que vayas aprendiendo estas cosas, entenderás el por qué la gente de paises diferentes usan ropas diferentes, comen alimentos diferentes y viven en casas diferentes. Por ejemplo, la gente que viven en el cálido clima de Puerto Rico usan ropa ligera, comen muchas frutas cultivadas en esa isla y disfrutan de actividades al aire libre. Los habitantes de la helada Rusia usan ropa muy abrigada casi todo el año, comen pesado y disfrutan de actividades bajo techo como el cine.

Donde sea que la gente viva, ellos son parte de una comunidad. En una tranquila zona **rural**, una comunidad puede ser muy pequeña. Toda su gente puede profesar la misma religión y pertenecer al mismo **grupo étnico**. Es posible que todos los niños asistan a una misma escuela. Muchas familias pueden estar emparentadas. Pero esto es diferente en pueblos y ciudades (lugares **urbanos**). Ahí, mucha gente de todas partes viven juntas. En las grandes ciudades, la gente pertenece a muchas clases de comunidades al mismo tiempo.

La gente en las comunidades alrededor del mundo son diferentes en muchas maneras. Hablan otros idiomas, celebran otras festividades y observan otras religiones. También comen otros alimentos y usan ropas diferentes. Incluso, bailan y cantan diferentes melodías.

Pero, la gente en las comunidades en todas partes del mundo también son iguales en muchos aspectos. En todas partes la gente cuenta historias, celebra

Castillo en la campiña inglesa

festividades y profesa religiones. Construyen sus viviendas, crian una familia y tratan de educar a sus hijos. Trabajan, juegan y realizan obras de arte y artesanía.

Aprender sobre las comunidades del mundo es importante. Nos ayuda a entender cómo y por qué esa gente son diferentes a nosotros. Estudiar sobre los otros es una buena vía para entender mejor quienes somos.

Niños israelitas en Jerusalén

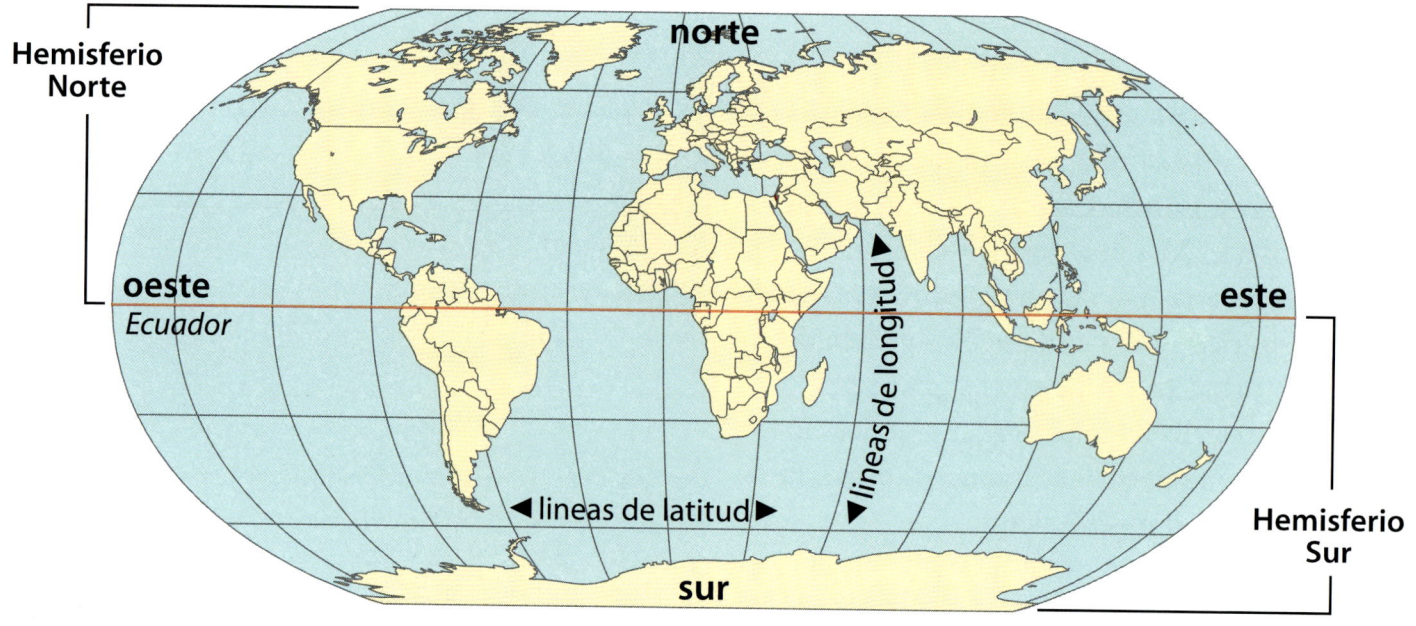

El Mundo de los Mapas

¿Cuál es el punto más alto de China? ¿Dónde están localizadas las minas de oro de Sudáfrica? ¿Cúal es la capital de Rusia? ¿Dónde vive la mayoría de la gente en la India? Puedes encontrar las respuestas a todas estas preguntas en los mapas.

Un mapa es un dibujo cuidadosamente hecho de la tierra, o una parte de esta. Los mapas constituyen importantes herramientas que nos ofrecen toda clase de información. Los viajeros los usan para planificar sus viajes. Los científicos los usan para estudiar el clima. Los pilotos los usan para guiarse a través de la niebla y las nubes. Probablemente alguna vez hayas usado un mapa. ¿Has buscado algo en el plano de un centro comercial? ¿Has visto algún plano de cómo está dispuesta tu escuela? ¿Has tenido un plano de cómo están dispuestas las salas de exhibición en un museo? Si has hecho alguna de estas cosas, has usado un mapa.

Existen muchos tipos de mapas. Hay mapas de tu ciudad, tu estado, tu país y tu planeta. También hay mapas de la luna y de las plataformas de los océanos. Un *mapa topográfico* te ayudaría a encontrar el punto más elevado de China. Mostraría los elementos naturales—selvas, desiertos y montañas. Observa un *mapa de recursos naturales* para localizar las minas de oro de Sudáfrica. Para encontrar la capital de Rusia debes revisar un *mapa político*. Te mostraría la ciudad capital, las ciudades más importantes asi como las fronteras entre los paises. Si ves un *mapa de densidad poblacional*, observarás donde se concentra la mayor cantidad de gente en la India.

Los mapas nos pueden contestar un sinnúmero de preguntas, pero debes saber como interpretarlos. Los mapas usan nombres y números. Algunos tienen colores y formas especiales. Ciertas lineas y pequeños símbolos significan algo especial en un mapa.

Sugerencias Útiles

¿No puedes recordar los nombres de los 7 continentes? Trata de recordar que 6 de los 7 empiezan con la letra "A". El séptimo empieza con la letra "E" pero termina con la letra "A". También 4 de los 7 continentes empiezan y terminan con la letra "A".

Hay cuatro términos importantes relativos a la dirección en un mapa. Dirección significa "en que vía". Norte es la dirección que apunta hacia el Polo Norte. Se representa en la parte superior del mapa. Sur es la dirección que señala el Polo Sur. Está en la parte inferior del mapa. Este es la dirección en la cual sale el sol todas las mañanas. Está en el lado derecho del mapa. Oeste es la dirección en la cual se acuesta el sol todas las tardes. Se encuentra en la parte izquierda del mapa. La mayoría de los mapas tienen un **compás** que señala estos cuatro puntos cardinales.

Verás la palabra **ecuador** en la mayoría de los mapas del mundo. Sin embargo, si tu volaras alrededor del mundo no lo verías. El ecuador es una linea imaginaria alrededor de la parte más ancha de la tierra. Divide el globo en dos partes iguales. El **Hemisferio Norte** está arriba del ecuador. El **Hemisferio Sur** está debajo del ecuador. Existen muchas otras lineas imaginarias en los mapas. Las lineas de *latitud* van alrededor del mundo en la misma dirección del ecuador (de izquierda a derecha). Estas lineas te dicen que distancia al norte o sur está un lugar. Las lineas de *longitud* circunvalan el mundo del Polo Norte al Polo Sur (desde arriba hacia abajo). Ellas te señalan que distancia al este o al oeste está un lugar.

Las *leyendas* o las *claves* de un mapa nos ayudan a interpretar los colores, las lineas y las figuras que se observan en el mapa. Por ejemplo, el símbolo de un avión significa un aeropuerto. El color verde nos muestra donde se encuentran los bosques. En la mayoría de los mapas un círculo o punto indica la ciudades importantes. Una estrella usualmente señala la capital del país.

Otra cosa que podemos observar en los mapas: ¡La mayor parte lo cubre el color azul! Esto se debe a que más del 70% de la superficie de la tierra está cubierta por agua. El Océano Atlántico, el Océano Pacífico, el Océano Índico y el Océano Ártico son los cuerpos de agua más grandes de la tierra. Estos océanos separan grandes masas de tierra llamadas **continentes**. Los siete continentes son: Asia, África, América del Norte, América del Sur, Antártica, Europa y Australia.

Términos Importantes de los Mapas

Ecuador: Linea imaginaria que divide la tierra en dos partes iguales. Va por el medio de la tierra por su parte más ancha.

Longitud: Lineas que van de arriba hacia abajo

Latitud: Lineas que van de izquierda a derecha.

Hemisferio Norte: Sobre el ecuador

Hemisferio Sur: Debajo del ecuador.

Símbolo de la estrella: Ciudad capital

Círculo o punto: Ciudad importante.

La India

¿Cuán grande?

La India tiene de tamaño casi la tercera parte de los Estados Unidos.

Imagínate volando desde los Estados Unidos, en dirección este sobre el Océano Atlántico. Si sigues volando en la misma dirección pasarías sobre Europa y terminarías en Asia. Este es un inmenso **continente** donde se encuentra la India. En este continente también se encuentran China y Rusia. La India está al norte del **ecuador**. Esto quiere decir que la India está en el **Hemisferio Norte**. El país tiene la forma de un pedazo de pizza. En el sur, la parte que parece una punta está bañada por el Océano Indico. Las aguas a lo largo de su costa occidental se llaman el Mar de Arabia. Las aguas de su costa oriental se llaman Bahía de Bengala.

Clave
★ Capital
● Ciudad principal

PAQUISTÁN
CHINA
NEPAL
BHUTAN
BANGLADESH
MYANMAR

Nueva Delhi ★
Agra ●
Río Ganges
Calcuta ●
Bombay ●
Madras ●

MAR DE ARABIA
BAHÍA DE BENGALA
OCÉANO ÍNDICO

ASIA
Ecuador

N
O · E
S

El Taj Mahal está en Agra.

De un Vistazo

Nombre oficial: República de La India
Capital: Nueva Delhi
Área: 1,269,340 millas cuadradas
Punto más alto: Kanchengunga, los Himalayas, 28,208 piés sobre el nivel del mar.
Población: 936,545,814
Forma de gobierno: República

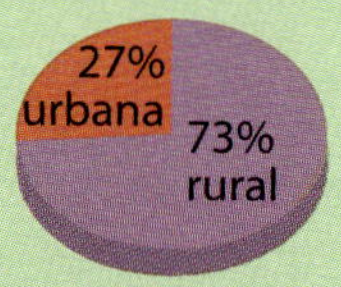

27% urbana
73% rural
Distribución de la Población

Principales cultivos: Arroz, trigo, caña de azucar, té, algodón, yute, papas.
Principales industrias: Alimentos procesados, textiles, acero, maquinarias, químicos, minería.
Recursos naturales: Carbón, manganeso, mica, hierro, bauxita.
Unidad monetaria básica: Rupia
Principales idiomas: Hindú e inglés (oficial); 14 otras lenguas oficiales, 24 idiomas que son hablados por un millón o más de habitantes.
Principales religiones: Hinduismo, Islam, Cristianismo, Sikhismo, Budismo, Jainismo

8

La India tiene aproximadamente un tercio del territorio de los Estados Unidos. Sin embargo, tres veces más gente vive en la India que en los Estados Unidos. En total, más de 930 millones de personas viven en la India.

El territorio de la India es bastante variado. En el noreste hace frontera con el país de Nepal. Aquí se encuentra la cadena montañosa Los Himalayas. Estas son las montañas más altas de la tierra. En la parte baja de las montañas, en los valles, se encuentran las mejores tierras para el cultivo. Allá, **fértiles** planicies producen una rica variedad de cosechas. En esta región, fluyen las aguas del rio Ganges. Este es el rio más importante de la India. En vista de que el terreno es tan rico y las aguas son tan abundantes, las regiones a orillas del Ganges son las más densamente pobladas en todo el país.

En la región noroeste de la India se encuentra la frontera con Paquistán. Aquí la tierra es bastante diferente. El clima seco del Desierto Thar produce unas condiciones

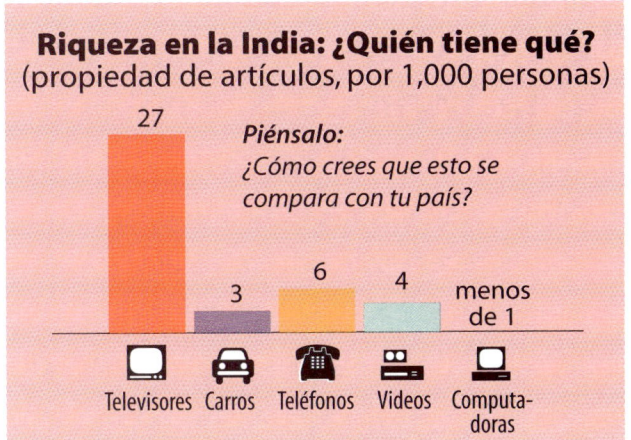

Riqueza en la India: ¿Quién tiene qué?
(propiedad de artículos, por 1,000 personas)

Piénsalo:
¿Cómo crees que esto se compara con tu país?

	Televisores	Carros	Teléfonos	Videos	Computadoras
	27	3	6	4	menos de 1

ambientales muy incómodas para la mayoría de las personas. Calor y vientos secos soplan sobre las dunas de arena. No hay agua y el cultivo es escaso.

La India posee en total más de 4,350 millas de costas. Esto ha convertido la pesca y el comercio en dos de sus mayores **actividades industriales** (negocios). Algunos de los centros comerciales e industriales más importantes de la India están localizados en la costa. Bombay es la más importante ciudad industrial y de negocios de la India. Está localizada en la costa occidental.

Se encuentran muchas aldeas de pescadores en las 4,350 millas de costas de la India.

Las Muchas Comunidades de la India

Como la mayoría de los países grandes, la población de la India es una mezcla de grupos étnicos, religiones, y niveles sociales. Y, al igual que tu, cada habitante de la India pertenece a muchas comunidades al mismo tiempo. Veamos algunos de los diferentes tipos de comunidades que se encuentran en la India.

Comunidades Étnicas

Existen tres grandes grupos étnicos en la India. El grupo mayor, al cual pertenecen cerca de las tres cuartas partes de la población, es el Indo-Ario. Los miembros de este grupo tienen **ancestros** mixtos. Son una mezcla de Hindues nativos y miembros de razas blancas europeas. La mayoría de los Indo-Arios hablan dos idiomas: inglés e hindi.

El segundo grupo étnico en tamaño, al cual pertenece un cuarto de la población, es el llamado Dravidiano. Esta es una raza nativa de la India. Las lenguas más comunes entre los Dravidianos son: El Tamil, el Malayalam, el Telugu y el Kannada.

El tercer grupo étnico de la India se llama Mongoloide. Los orígenes de estas personas están en

Grupos Étnicos de la India

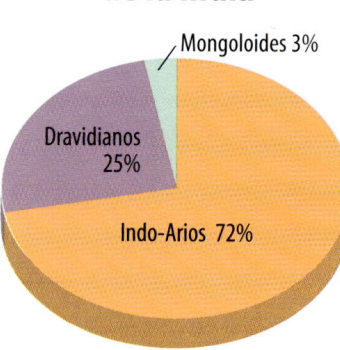

Mongoloides 3%
Dravidianos 25%
Indo-Arios 72%

¿Qué Significa?

¿Sabías que la palabra *pijama* viene de la India? En hindi, *pa jama* significa "pantalón suelto". Cuando los ingleses gobernaban la India, vieron a mucha gente usando ese tipo de pantalón y llegaron a la conclusión que sería cómodo para dormir.

otras partes de Asia, básicamente en China y Rusia. Cerca del 3% de la población de la India pertenece a este grupo.

Comunidades Religiosas

La religión más profesada en la India es el **Hinduismo**. Cerca del 83% de la población es hinduista. En el culto hinduista se veneran muchos dioses y diosas. Los tres dioses más importantes son Vishnu, Shiva y Brahma. Las diosas más importantes son Parvati y Lakshmi. Cada casa en la India tiene al menos un **altar** para los dioses. Muy a menudo, flores de vivos colores, cuentas, pequeñas estatuas e incienso decoran el altar. En las familias hinduistas, se hace una ceremonia especial para los varones entre la edad de 8 y 12 años. Este rito, llamado Ceremonia del Cordón, marca el cambio entre la niñez y la adultez en la comunidad hindú.

Durante la ceremonia el muchacho y su padre se paran delante de un fuego sagrado. Luego el cordón sagrado se le coloca en el hombro derecho. De ahí en adelante, el muchacho usará el cordón todos los días de su vida.

La segunda gran religión de la India es el **Islam**. Los **musulmanes** (seguidores del Islam) son cerca de un 11% de la población. Los musulmanes le rezan a su dios Alá. Ellos estudian su libro sagrado llamado el Corán. El Islam fué fundado por Mahoma. Los musulmanes creen que él era un **profeta**, o un mensajero, de Alá.

Otras dos religiones también juegan un papel importante en la cultura de la India. Ellas son el Jainismo y el Sikhismo. Los Jaines creen en la total no violencia y no comen carne. Ellos hasta se cubren la boca con un paño para evitar tragar accidentalmente un insecto.

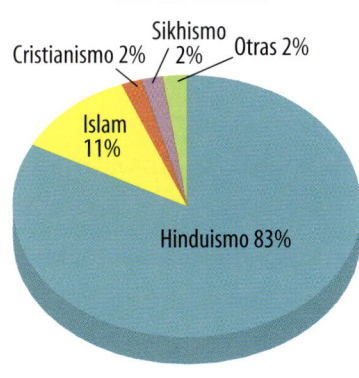

Principales Religiones de la India

Cristianismo 2%
Sikhismo 2%
Otras 2%
Islam 11%
Hinduismo 83%

De un Vistazo

Días de Fiesta y Festivales

★Días de Fiesta Nacionales

Día de la Independencia: 15 de Agosto. Celebración de la independencia de la India del Imperio Británico en 1947

Día de la República: 26 de Enero. Marca el aniversario del comienzo de la República de la India en 1950. En los desfiles participan elefantes y camellos bellamente decorados.

★Otros Días de Fiesta

Diwali: El año nuevo hindú que se celebra a fines de octubre o principios de noviembre. Conocido también como "El festival de las luces".

Holi: Festival hindú que tiene lugar en febrero o marzo. El mismo celebra la llegada de la primavera. La gente corre por las calles hechándose agua y polvo coloreado.

Ramadán: Un período de un mes de duración en el cual los musulmanes oran y ayunan.

Niñas hindues celebran el Diwali con fuegos artificiales.

Tormenta de Ideas

¿Son algunos de los días festivos de la India similares a los que tu celebras?

Comunidades Artísticas y Culturales

El arte hindú está influenciado por la religión. Entre las obras famosas se encuentran fabulosos templos y grandes estatuas de dioses esculpidas en riscos. Las bailarinas hindues usan expresiones faciales y las posiciones de sus manos, piés y dedos para narrar historias basadas en mitologías y leyendas nacionales.

La música tradicional la tocan con instrumentos de cuerda, tambores, gones y flautas. Mucha de ella está dedicada a ideas religiosas. El teatro se realiza de muchas maneras, tales como el teatro de títeres y producciones dramáticas con máscaras. Muy a menudo el teatro nos presenta cuentos de dioses y diosas.

Vida Cotidiana

La vida cotidiana cambia de acuerdo al lugar donde vive la gente. Cerca del 73% de los hindues viven en zonas **rurales** (el campo) en pequeñas aldeas de agricultores. El resto vive en ciudades y pueblos.

Comunidades Educativas

Sólo un tercio de los hindues adultos sabe leer y escribir. La educación es gratuita para los niños entre los 6 y 14 años de edad. Se supone

Jovenes trabajan vendiendo maní.

Tormenta de Ideas

Existen celebraciones dedicadas a la familia en todas partes del mundo. ¿Cómo se commemora la familia en tu país? ¿Porqué es importante celebrar la unión familiar?

que todos los niños asisten a la escuela, pero no todos lo hacen. La mayoría de los niños indues sólo completan el quinto curso.

Comunidades de amigos

Muchos niños de la India tienen responsabilidades. Los niños en las fincas ayudan con tareas tales como cuidar los animales de la familia. En las ciudades, los niños pueden ayudar en las tiendas o cuidar a otros hermanos más pequeños. Los niños tienen responsabilidades, pero también disfrutan compartiendo con los amigos. Los niños juegan juegos tradicionales como el ajedrez, que tuvo sus inicios en la India. Las niñas juegan a las cinco piedras, juego similar al jack. Y en todas partes de la India, aun en la aldea más pequeña, los niños van al cine.

Comunidades familiares

La unión familiar es muy importante en la India. Existe un festival que celebra la relación entre los hermanos y hermanas. Las hermanas amarran un hilo de seda alrededor de la muñeca del hermano. Luego le ponen un punto de polvo rojo en sus frentes. Las hermanas entonces preparan dulces para sus hermanos. Los hermanos les dan regalos a las hermanas y les prometen que las defenderán.

Proyectos de la Comunidad

Hagamos los diseños Mehandi

Mehandi son diseños en forma de flores que se pintan las mujeres en las manos y los piés. Las mamás a menudo pintan estos diseños en sus hijos para el festival Diwali, para bodas y en ocasiones especiales.

Materiales
- Pintura a base de agua y brochas
- Marcadores a base de agua

Instrucciones
- Mira los diseños de las manos en la foto de abajo.
- Practica los dibujos o pinturas en una hoja de papel. (Usa los diseños mostrados aquí y haz tu propio diseño "hindú".)

OPCIONAL: Pinta diseños Mehandi en las manos de tus compañeros de clase.

Bombay

Bombay es una de las ciudades más excitantes de de la India. Es la capital comercial del país. Más gente quiere vivir y trabajar en Bombay que en cualquier otra ciudad de la India.

En muchas ciudades hindues, la **pobreza** y la sobrepoblación son problemas de importancia. Más de la mitad de los 9.9 millones de personas que viven en Bombay viven en **barriadas** (barrios pobres). Los que viven en las barriadas de Bombay no tienen ni agua corriente ni electricidad. En algunos edificios, hasta 10 personas pueden compartir una habitación. Hasta 100 personas pueden compartir un inodoro.

No todos en Bombay son pobres. Ya que existen tantas industrias y negocios, la ciudad también tiene mucha riqueza. Familias ricas

Bombay es la ciudad más populosa de la India.

viven en grandes casas en los **suburbios** de la ciudad (zonas en las afueras). Ellos tienen aire acondicionado, carros, hornos de microonda, computadoras y sirvientes.

Uno de los negocios más grandes de Bombay es la industria del cine. De hecho, la India tiene la industria más grande de cine del mundo. Se hacen tantas películas en Bombay que la gente le ha dado a la ciudad el

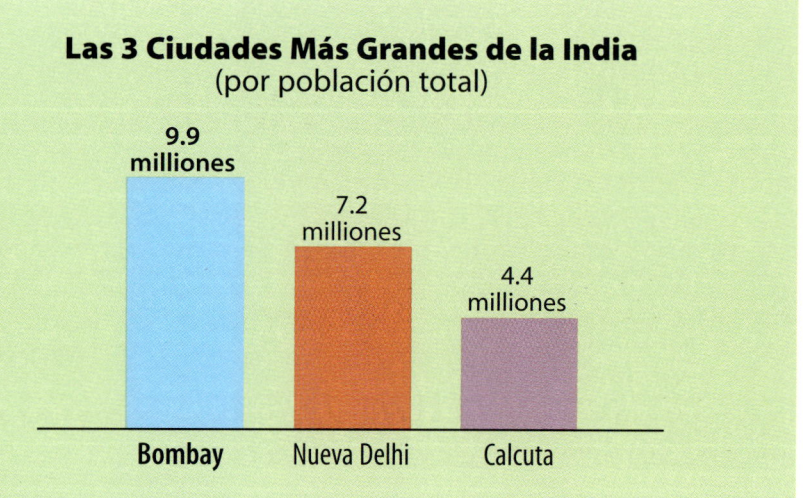

Las 3 Ciudades Más Grandes de la India
(por población total)

9.9 millones — Bombay
7.2 millones — Nueva Delhi
4.4 millones — Calcuta

nombre de Bollywood. Los hindues de todos los niveles disfrutan del cine. Si caminaras por las calles de Bombay, probablemente verías filmando por lo menos una película.

Tormenta de Ideas

1. ¿Qué piensas de cómo sería vivir en Bombay?

2. ¿Vives en un lugar con mucha gente o muy tranquilo?

3. ¿Piensas que Bombay es similar a las grandes ciudades que conoces?

Hablemos de Geografía

Observa la costa occidental del mapa de la India que se encuentra en la página 8. ¿Puedes ver a Bombay? ¿Puedes pensar en las razones por las cuáles Bombay se convirtió en una ciudad exitosa en los negocios?

Vida cotidiana en Bombay

La ciudad de Bombay está formada por muchos sectores diferentes. Cerca de la costa hay playas. En el centro de la ciudad, existen altos edificios de oficinas. En las afueras de la ciudad, las familias viven en muchos tipos diferentes de comunidades de vecinos.

Mujeres compran cocos y flores en uno de los muchos mercados al aire libre de Bombay.

Dos niñas sentadas en los escalones de su casa en las afueras de Bombay.

China

Si observas un mapa del mundo, es muy fácil encontrar a China. China es el tercer país más grande del mundo. Ocupa la mayor parte del oriente del **continente** asiático. Solamente Rusia (también en Asia) y Canadá son más grandes.

China está al norte del **ecuador**. Esto quiere decir que China está en el **Hemisferio Norte**. El país tiene la forma de un inmenso gallo. Su cabeza está en el este y su cola, en forma de abanico, está en el oeste. China es tan grande que hace frontera con más de doce paises. Tiene más fronteras que la mayoría de los paises del mundo. La costa oriental de China da al Océano Pacífico. Estas aguas incluyen el

ASIA

Ecuador

RUSIA
KAZAKHSTAN
KYRGYZSTAN
JIKI-TAN
AQUISTÁN
MONGOLIA
Beijing
Rio Amarillo
Tianjin
COREA DEL NORTE
Mar del Japón
COREA DEL SUR
Mar del Este de China
JAPÓN
Rio Yangtze
Shanghai
NEPAL
BHUTAN
INDIA
BANGLA-DESH
Guangzhou
TAIWÁN
VIETNAM
MYANMAR
LAOS
Hong Kong
Mar del Sur de China
OCÉANO PACÍFICO
BAHÍA DE BENGALA
TAILANDIA
FILIPINAS

N
O   E
S

Clave
★ Capital
● Ciudad principal

De un Vistazo

Nombre oficial: República Popular de China
Capital: Beijing
Área: 3,705,392 millas cuadradas
Punto más alto: Monte Everest, en Los Himalayas (29,028 piés sobre el nivel del mar)
Población: 1,203,097,268 habitantes
Tipo de gobierno: Estado comunista
Principales cultivos: Granos, arroz, algodón, papas, té.
Principales industrias: Hierro, acero, carbón, textiles y ropa, maquinarias y equipos, armamentos.
Unidad monetaria básica: Yuan
Principales idiomas: Chino y Mandarín
Principales religiones: Taoismo, Budismo, Islam, Cristianismo.

29% urbana
71% rural
Distribución de la Población

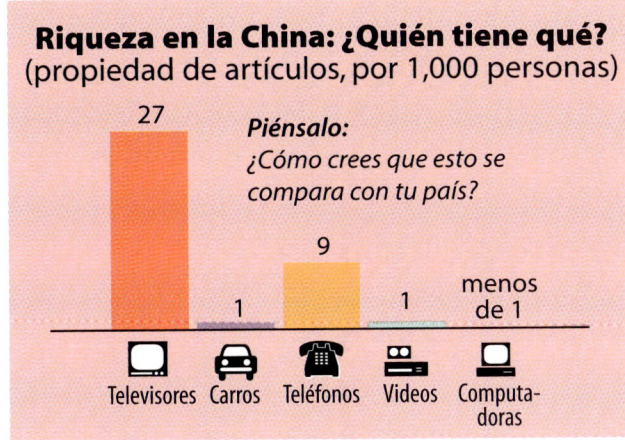

Riqueza en la China: ¿Quién tiene qué?
(propiedad de artículos, por 1,000 personas)

Piénsalo:
¿Cómo crees que esto se compara con tu país?

Televisores	Carros	Teléfonos	Videos	Computadoras
27	1	9	1	menos de 1

y **fértiles** con colinas suaves. Dos de los lagos más grandes del país están en esta región, así como la mayoría de sus 50,000 rios. En esta región están también los dos rios más importantes del país, el rio Yangtze y el rio Amarillo. Debido a la riqueza de su tierra y la abundancia de agua, más del 90% de la población de China vive en la mitad oriental del país. En las regiones del suroeste están los helados Himalayas. Esta es la cadena de montañas más altas del mundo. El monte Everest, el pico más alto de la tierra, se encuentra en la frontera de China con el país de Nepal. En la región del noroeste, donde se encuentran el desierto de Gobi y el desierto Taklimakan, el clima es muy seco. En la región norte también se encuentra la famosa Gran Muralla de China de 4,000 millas de largo. ¡Esta maravilla hecha por el hombre es tan grande que hasta puede verse desde la luna!

Mar Amarillo, el Mar del Este de China y el Mar del Sur de China. Cerca de las costas de China hay muchas islas. Una de estas islas es Taiwán. El gobierno de China considera que esta isla es parte de China.

En términos de población, China es la nación más grande del mundo. ¡Una de cada cinco personas del mundo vive en China! Allá viven más de 1.2 billones de personas.

El territorio de China es muy variado. Las regiones orientales son planicies llanas

La Gran Muralla de China

Las Muchas Comunidades de China

Aproximadamente un tercio de la población de China vive en áreas **urbanas** (ciudades). Aquí, la sobrepoblación, el tráfico y la contaminación son grandes problemas. Cerca de dos tercios de la población china vive en la zona **rural** (campo). Trabajan como agricultores y tienen pocas comodidades modernas. Pero sin importar donde vivan, los chinos pertenecen a comunidades que incluyen la familia, amigos, vecinos y muchas otras personas.

Comunidades Étnicas

El grupo étnico más grande de China es el chino han. Más del 90% de la población son **descendientes** de los han. Los han fueron el grupo étnico más antiguo que se conoce en la China central. Ellos gobernaron China por más de 400 años. Los chinos han hablan el mandarín, el idioma oficial del país.

El resto de la población china pertenece a uno de los más de 50 grupos étnicos diferentes. Muchos tienen su propio idioma, religión, modo de vestir y forma de vida. La mayoría de estos grupos étnicos viven lejos de las ciudades.

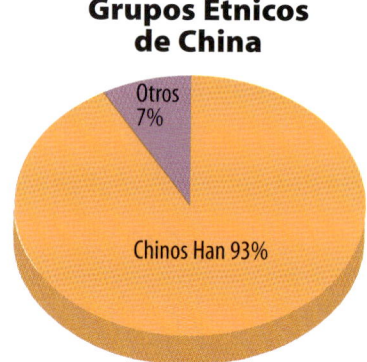

Grupos Étnicos de China

Otros 7%

Chinos Han 93%

Comunidades Religiosas

Oficialmente, el gobierno chino rechaza las creencias religiosas. Esto así porque China es un país **comunista**. Los comunistas piensan que la religión es un obstáculo para el progreso del país. La mayoría de los chinos son oficialmente **ateos**, lo que significa que no creen en ningún dios.

Algunos jóvenes chinos comienzan a estudiar para ser monjes budistas desde muy temprana edad.

Aproximadamente el 2% de la población sigue las creencias chinas tradicionales. Estas creencias incluyen muchos dioses y una variedad de prácticas mágicas. También incluyen la adoración a sus **ancestros**. Otras ideas importantes provienen del Confucionismo, el Budismo y el Taoismo. El Confucionismo está basado en las enseñanzas de un importante lider chino llamado Confucio. Él enseñó la importancia del deber familiar y de la caridad hacia los demás.

El Budismo es una religión que llegó a la China desde la India hace alrededor de 2,000 años. Buda enseñó que el espíritu de cada persona renace muchas veces en su camino hacia la perfección.

El Taoismo está basado en las ideas del maestro Lao Zi. Incentiva a las personas a vivir en armonía con la naturaleza.

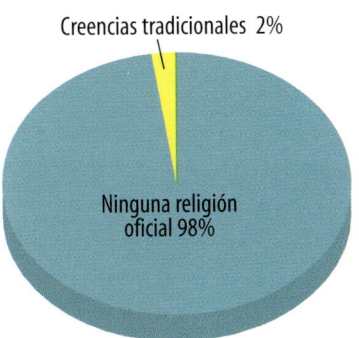

Principales Religiones de China

Creencias tradicionales 2%

Ninguna religión oficial 98%

 **De un Vistazo**

Días de Fiesta y Festivales

★Días de Fiesta Nacionales

Día del Trabajo: 1 de Mayo. También conocido como el Día Internacional del Trabajo. Honra a los hombres y mujeres trabajadores en todo el mundo. Se celebra con picnics, bailes y fuegos artificiales.

Día Nacional: 1 de Octubre. Se celebra en este día el nacimiento de la República Popular de China con discursos, desfiles, fuegos artificiales y eventos deportivos.

★Otros Días de Fiesta

Año Nuevo: También conocido como el Festival de Primavera. Se celebra en enero o febrero durante 5 días. Como parte de las festividades hay comidas especiales, fuegos artificiales, desfiles y los leones danzantes.

Qing Ming: La "Fiesta de la Luz Pura" se celebra en abril. Las personas honran a sus familiares muertos haciendo un picnic en el cementerio y limpiando las tumbas.

Año Nuevo Chino en Beijing

Fiesta del Medio-Otoño: Festival de acción de gracias por la cosecha. Se come el redondo "bizcocho luna" relleno de una crema dulce.

Nota: Habrás notado que los chinos usan mucho los fuegos artificiales. Esto puede ser porque los fuegos artificiales (y la pólvora) fueron inventados en China.

Un actor de la Opera de Beijing

Comunidades Artísticas y Culturales

Las artes en China tienen una larga historia. Lo más conocido es, quizás, las hermosas pinturas a pincel que se han hecho por más de 2,000 años. Los temas están basados en la naturaleza. Incluyen hermosos paisajes de montaña, agua, árboles o pájaros y flores.

Las pinturas tradicionalmente incluyen un poema. Estos poemas están escritos en **caligrafía**, un modo chino muy fino de escribir con pincel.

China tiene más de 300 estilos diferentes de óperas. El más conocido es la ópera de Beijing. Los actores y las actrices usan un maquillaje muy colorido y un vestuario muy lujoso. Los colores significan diferentes **rasgos** de la personalidad. Por ejemplo, el rojo significa valentía y el negro fuerza.

Existe en China una antigua tradición artesanal. Los artesanos hacen una hermosa cerámica llamada **porcelana**, seda bordada y artículos de jade tallados.

Comunidades Educativas

Educar la enorme población de China es una tarea difícil. Los niños en China asisten a la escuela 6 días a la semana. Empiezan la escuela a la edad de 6 ó 7 años y deben asistir por lo menos durante 6 años. Los estudiantes chinos estudian muchas de las mismas materias que tu estudias, como ciencias y matemáticas. Dedican también mucho tiempo a aprender a leer y escribir el difícil idioma chino.

Ser un buen **ciudadano** es muy importante para los chinos. Clases especiales estimulan el **patriotismo**, o amor a la patria. También se enseña cortesía, honestidad y responsabilidad. Sin embargo, los niños no pasan todo el tiempo en el pupitre. El ejercicio físico y el deporte en equipo son también una parte importante de la enseñanza diaria.

La mayoría de los niños en China van a la escuela hasta la edad de los 13 años. Muchos estudiantes empiezan la enseñanza media, pero más de la mitad deja la escuela. Los niños que viven en el campo a menudo van a trabajar en la agricultura, o buscan trabajo para ayudar a su familia.

Muy pocos estudiantes chinos van a la universidad. Los exámenes de admisión son difíciles y no hay suficientes maestros o escuelas en el país.

Jovenes chinos asisten a la escuela hasta los 13 años de edad.

Tormenta de Ideas

¿En qué se parece tu familia a una familia china? ¿En qué se diferencian? Si tu visitaras una familia china, ¿Qué te gustaría hacer con ellos?

Comunidades de Amigos

El gobierno chino ha establecido reglas para controlar la enorme población china. Una de estas reglas es que las parejas chinas sólo pueden tener un hijo. Pero no hay escasez de niños. Al igual que tu, a los niños chinos les gusta juntarse a practicar deportes. Especialmente les gusta jugar ping pong, fútbol y baloncesto. Para ganar en el popular juego "patea el saco", tienes que hacer un buen trabajo con los piés. Debes mantener un pequeño saco de habichuelas en el aire pateándolo con la parte interior del talón. Puede jugarlo una persona sóla o un grupo.

Los papalotes fueron **inventados** en China. Volarlos ha sido siempre un **pasatiempo** muy popular. Hasta se celebra en el mes de abril un festival de papalotes.

Comunidades Familiares

La vida familiar siempre ha sido importante en China. Se piensa que los niños son algo muy especial. Las personas ancianas en la familia son tratadas con mucho respeto. La mayoría de la gente joven viven con sus padres hasta que se casan, usualmente alrededor de los 30 años de edad. Los divorcios no son comunes en China.

Las familias chinas disfrutan haciendo cosas todos juntos. Las comidas son siempre eventos sociales. ¡La sabrosa comida china es conocida en todo el mundo! Las mascotas también son muy populares. La gente en ciudades muy pobladas tiene pájaros, peces dorados y hasta grillos.

Proyecto de la Comunidad

Hagamos Grabados

Como en las pinturas chinas tradicionales, los grabados usualmente representan escenas de la naturaleza. Se hacían tallando un diseño en una cara de un trozo de madera. El diseño se cubría con tinta y luego la madera se presionaba sobre un papel.

Materiales
- Bandejas de espuma
- Lápices embotados
- Pintura negra de tempera
- Papel blanco

Instrucciones
- Coloca la bandeja de espuma hacia arriba
- Sobre el fondo de la bandeja, usa el lápiz para "tallar" un diseño sencillo de la naturaleza, como una flor, un pájaro, un árbol, el sol, etc.
- Pasa una fina capa de pintura sobre toda la superficie de tu "bloque"
- Suavemente presiona el papel sobre el diseño y alísalo con las manos.
- Con cuidado levanta el papel.
- OPCIONAL: Intercambia diseños con tus compañeros de clase.

Guangzhou

Hay muchas razones para visitar Guangzhou. Un zoológico enorme, mercados pintorescos y elegantes tiendas hacen de esta ciudad un lugar excitante. Su deliciosa cocina es famosa en todo el mundo.

Comer en uno de los muchos restaurantes de Guangzhou es una actividad muy popular.

Guangzhou está situada en el delta del rio Perla. Las tierras fértiles de esta región son el lugar perfecto para cultivar arroz. El arroz es un elemento muy importante de la comida china.

Guangzhou es un gran puerto marítimo. (La ciudad fué llamada Cantón por los extranjeros.) Guangzhou es todavía la sede de dos importantes ferias de negocios cada año. En estas ferias se muestran nuevos productos chinos. Miles de comerciantes de todo el mundo vienen a verlos. La ciudad es también un gran centro manufacturero. Hay refinerías de azúcar y grandes industrias de papel, químicos y maquinarias. Las fábricas más pequeñas producen artesanías como joyas y artículos tallados en jade y marfil.

Al igual que la mayoría de las ciudades chinas, Guangzhou está sobrepoblada. La gente trabaja en factorías y negocios. La mayoría de las personas transitan en bicicleta.

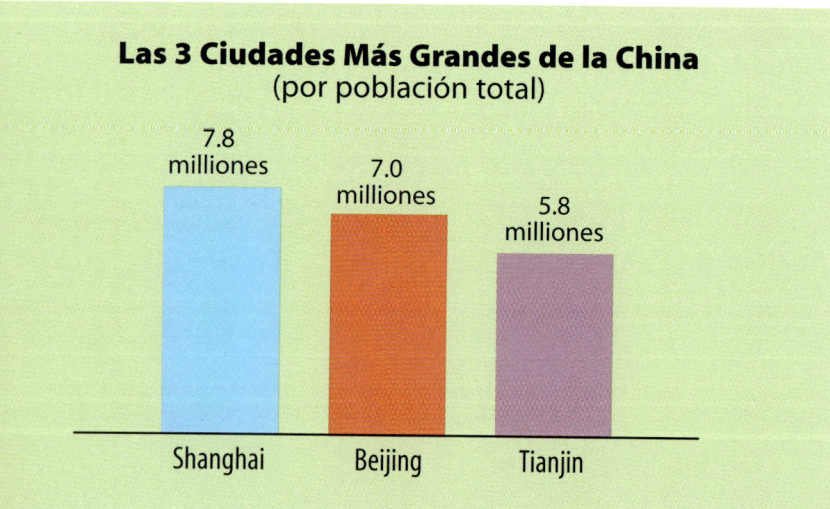

Las 3 Ciudades Más Grandes de la China
(por población total)

Shanghai	Beijing	Tianjin
7.8 milliones	7.0 milliones	5.8 milliones

Las familias viven en apartamentos pequeños de dos o tres habitaciones. A veces comparten la cocina y el baño con otras familias. Debido a la estrecha condición en que viven, la gente disfruta sus días libres saliendo afuera. Los restaurantes y los parques son los lugares más populares. Los cines, museos, tiendas y estadios deportivos también atraen muchos visitantes.

Hablemos de Geografía

Observa en el mapa la costa sudeste de China. ¿Puedes encontrar a Guangzhou? ¿Porqué piensas que la ciudad ha sido tan importante para el negocio? ¿Cuáles otras ciudades grandes están localizadas en o cerca de la costa oriental de China?

El centro de Guangzhou es muy congestionado. Recuadro: La mayoria de las familias en China tienen sólo un hijo.

Rusia

¿Cuán grande es?

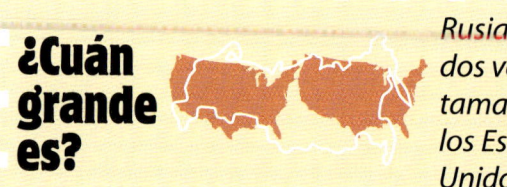

Rusia es casi dos veces el tamaño de los Estados Unidos.

Rusia es el país más grande del mundo. Su territorio tiene casi dos veces el tamaño de los Estados Unidos. Si visitaras ciertos lugares de Rusia, estarías en dos **continentes** al mismo tiempo. Cerca de la cuarta parte de Rusia está en Europa. Sus tres cuartas partes restantes están en Asia. Rusia se encuentra al norte del **ecuador**. Esto significa que está en el **Hemisferio Norte**. La cadena montañosa de poca altura llamada Los Urales se desplaza de norte a sur y divide el país en dos grandes regiones. Al este de estas montañas está la Rusia asiática, también llamada Siberia. Siberia tiene enormes reservas de importantes recursos naturales. Sin embargo, una buena parte del terreno en Siberia se encuentra permanentemente helado. Esto hace muy difícil la explotación de sus tantos recursos.

De un Vistazo

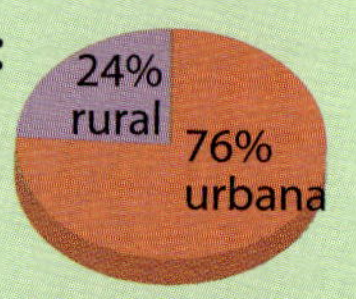

Distribución de la Población

24% rural
76% urbana

Nombre oficial: Federación de Rusia

Capital: Moscú

Área: 6,592,745 millas cuadradas

Población: 149,909,089 habitantes

Forma de gobierno: Federación

Principales cultivos: Granos, remolacha, papas, vegetales, girasoles

Principales industrias: Petróleo, derivados del petroleo, gas natural, carbón, acero, textiles

Recursos naturales: Petróleo, gas natural, carbón, oro, hierro, madera

Unidad monetaria básica: Rublo

Mapa

OCÉANO ÁRTICO

FINLANDIA

San Petersburgo

MAR DE BERING

OCÉANO PACÍFICO NORTE

BELARUS

UCRANIA

★ Moscú

Rio Moscú

S I B E R I A

MAR DE OKHOTSK

Mar Caspio

KAZAKHSTAN

Novosibirsk

CHINA

MONGOLIA

CHINA

JAPÓN

Clave

★ Capital

● Ciudad principal

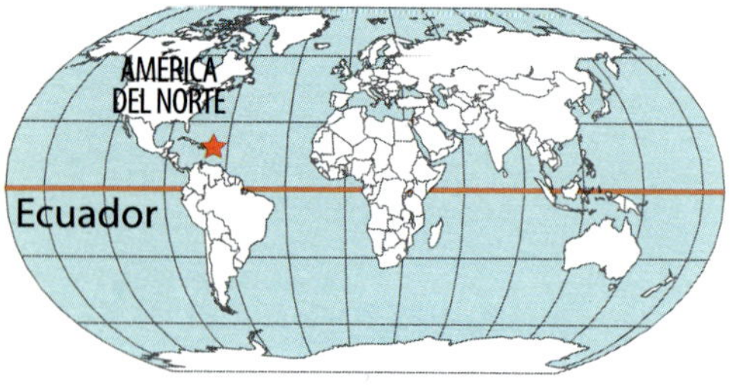

AMÉRICA DEL NORTE

Ecuador

24

Tormenta de Ideas

1. ¿Qué piensas sobre como sería vivir en Siberia?
2. ¿Vives en un lugar que es usualmente cálido o frio?

El norte de Siberia es en gran parte **tundra**. Esto es un terreno plano, frio y desolado. Al norte de Siberia se encuentra el Océano Ártico. Los vientos helados duran ocho meses del año. Muy poca gente vive allí. Este es el lugar de los osos polares

Hablemos de Geografía

¿Puedes encontrar en el mapa el Mar de Bering? Este se encuentra entre Rusia y Alaska.

y los renos. Al este de Siberia se encuentra el Océano Pacífico. En la parte oriental de Siberia también se encuentran montañas y volcanes activos. Su punta más oriental está sólo a 50 millas de Alaska.

Riqueza en Rusia: ¿Quién tiene qué?
(propiedad de artículos, por 1,000 personas)

Piénsalo:
¿Cómo crees que esto se compara con tu país?

Televisores	Carros	Teléfonos	Videos	Computadoras
313	60	105	28	menos de 1

Al oeste de los Montes Urales se encuentra la Rusia europea. Esta zona llamada **estepa** es una ámplia **llanura** sin árboles. La mayoría de los rusos viven en esta área. Su suelo fértil, clima más suave, y lluvia adecuada la hacen apta para los cultivos.

Renos en la tundra del norte de Siberia

El bosque perenne más grande del mundo se extiende a todo lo largo del centro de Rusia. La tala de árboles es una industria importante. Rusia tiene grandes cuerpos de agua y muchos rios. Viajar en bote es un medio importante de transportación. El agua también provee energía a las industrias. La importante industria de la pesca también es una fuente de alimentación para los habitantes de Rusia.

Las Muchas Comunidades de Rusia

Durante mucho tiempo los diversos grupos de Rusia trabajaron juntos para modernizar el país. Hoy, Rusia está en un proceso de grandes cambios. Sus comunidades están cambiando también.

Comunidades Étnicas

Hay aproximadamente 150 millones de rusos, los cuales tienen diversos orígenes. Cerca del 82% de los habitantes son de **ancestros** rusos. Ellos descienden de un pueblo del este de Europa llamado los eslavos. Los rusos pertenecientes al grupo eslavo hablan ruso.

El segundo **grupo étnico** más grande es el tártaro. Estos vinieron de Mongolia y llegaron a Rusia como invasores

hace más de 700 años. Cerca del 4% de la población pertenece a este grupo.

El tercer gran grupo son los ucranianos. Estos componen el 3% de la población.

Grupos Étnicos de Rusia

- Tártaros 4%
- Ucranianos 3%
- Otros 11%
- Rusos 82%

Otros 100 grupos étnicos diversos componen el 11% restante de la población. Estos grupos observan diferentes religiones y **tradiciones**. Sus estilos de vida tienen poco en común. Muchos hablan su propia lengua y usan el ruso como su segundo idioma. Penosamente, estas diferencias culturales han creado problemas. Varios grupos étnicos quieren romper con Rusia y formar paises independientes.

Comunidades Religiosas

Por años el culto religioso ha sido rechazado por el gobierno. Iglesias, mezquitas y templos fueron cerrados. Muchos fueron destruidos o usados para otros fines. Las festividades religiosas fueron reemplazadas por festividades **patrióticas**. Los rituales religiosos en las bodas, bautizos o funerales no estaban permitidos. En esa época las personas observaban su fe religiosa en secreto. Ahora, la gente puede disfrutar libremente de sus festividades y costumbres.

La religión más profesada en Rusia es el Cristianismo. La mayoría de los cristianos pertenecen a la iglesia Ortodoxa Rusa. Sus creencias y prácticas son muy similares a las de la Iglesia Católica. En ciudades y pueblos por todo el país podemos observar bellas cúpulas en forma de cebolla de las iglesias ortodoxas rusas.

La segunda religión más grande en Rusia es el **Islam**. Los creyentes de esa religión se llaman **musulmanes**. Ellos creen en un Dios, llamado Alá. Los musulmanes rusos viven en su gran mayoría en las zonas que hacen fronteras con los paises del centro de Asia.

Los judios han tenido una historia muy difícil en Rusia. A menudo fueron víctimas de la violencia. Cuando la Unión Soviética se desintegró, muchos judios decidieron dejar el país. Muchos viajaron a los Estados Unidos y a Israel.

Comunidades Artísticas y Culturales

Rusia posee una gran **herencia** en pintura, arquitectura, música y danza.

El país es muy reconocido por su música y su ballet. Muchos famosos compositores fueron rusos. Los ballets de Peter

De un Vistazo

Días de Fiests y Festivales

★Días de Fiesta Políticos

Día Internacional de la Mujer: 8 de Marzo. Honra la mujer. Celebrado como el día de las madres en los Estados Unidos.

Día de la Victoria: 9 de Mayo. La festividad más popular. Marca el fin de la Segunda Guerra Mundial. Se celebra con desfiles y fuegos artificiales.

Día del Trabajo: 1 de Mayo. Se celebra la llegada de la primavera. Se honra a los trabajadores.

★Días de Fiesta Tradicionales

Carnaval (Semana de la mantequilla): Se celebra durante siete días al incio de la cuaresma. Las festividades más comunes incluyen: Trucos, hacer ruido, disfraces, y desfiles. Queman una figura del invierno hecha de paja y sirven deliciosas tortillas rellenas llamadas *blini*.

Día de Año Nuevo: Se dan regalos y se decoran árboles.

★Festividades Religiosas

Navidad y Pascua se celebran al igual que por cristianos en otros paises. La Pascua es la festividad más importante del año ortodoxo ruso.

Tormenta de Ideas

Si te proibieran celebrar un día de fiesta, ¿Cuál de ellos extrañarías más? ¿Porqué?

Bailarinas del famoso Ballet Kirov en San Petersburgo

Tchaikovsky tales como *El Lago de los Cisnes*, *El Cascanueces* y *La Bella Durmiente* son todavía muy populares en todo el mundo. Son presentados a menudo por las dos famosas compañías de ballet de Rusia, El Kirov y El Bolshoi.

Los grupos étnicos regionales tienen sus propios bailes folklóricos muy animados, los cuales se realizan en trajes regionales.

Vida Cotidiana

Rusia fué parte de la Unión Soviética por casi 75 años. Este era un estado compuesto por 14 repúblicas comunistas. Bajo el **comunismo**, el gobierno controlaba todos los aspectos de la vida. La vivienda, la ropa, comida y transporte eran baratos. La educación y la salud eran gratis. A la gente les garantizaban trabajo. Pero el gobierno decidía como la gente tenía que conducir su vida. Muchas libertades se suprimieron.

La Unión Soviética se desintegró en 1991. Hoy, Rusia está avanzando hacia la **democracia** (gobierno del pueblo). En este proceso, el país ha tenido muchos problemas que resolver.

Comunidades Educativas

La educación es muy importante en Rusia.

La escuela es gratis para todos los estudiantes. Los niños deben asistir a la escuela desde los 6 hasta los 17 años de edad. Muchos padres trabajan todo el día, mientras los niños permanecen en guarderías infantiles.

Los niños rusos van a la escuela 6 días a la semana. El trabajo de la clase es duro y las escuelas son muy estrictas. Los estudios se toman muy en serio y las escuelas usualmente envían un reporte de progreso todas las semanas a los padres de los estudiantes. Los niños entran temprano o permanecen hasta tarde haciendo sus tareas. Los niños con talentos especiales en deportes, música, baile o matemáticas pueden ir a escuelas especiales.

Después del noveno curso, los estudiantes pueden continuar en la escuela regular o ir a una escuela de oficios. Las escuelas de oficios enseñan a los estudiantes a trabajar en agricultura o en una industria.

Un joven responde a su profesor en una aula en Moscú.

Comunidad de Amigos

El deporte es parte importante de la vida de la mayoría de los niños. El futbol es el deporte más popular en Rusia. Los niños también disfrutan la gimnasia, el volleyball y el baloncesto.

Los amigos disfrutan el juego de ajedrez, el pasatiempo nacional ruso. También es popular coleccionar sellos.

Comunidades Familiares

Casi las tres cuartas partes de las familias rusas viven en zonas **urbanas** sobrepobladas. La mayoría alquila un pequeño apartamento en los grandes proyectos habitacionales. No hay apartamentos para todos. Los abuelos a menudo comparten los apartamentos con sus hijos. Las parejas recién casadas pueden vivir con sus padres por algunos años.

Ambos padres usualmente trabajan. Cerca de las dos quintas partes de los rusos trabajan en factorias. Las otras dos quintas partes trabajan en tiendas y oficinas. Un quinto de los rusos son agricultores.

Niños en Siberia hacen una figura de nieve.

Comprar en Rusia en un trabajo duro. Algunas veces no hay suficiente comida o es muy cara. Puede hacerse difícil comprar ropa, zapatos y muchos otros artículos. Hay largas colas en la mayoría de las tiendas.

Las familias rusas disfrutan su tiempo libre de muchas maneras. Pueden pasar sus vacaciones en el campo. Pero ya que solamente una de cada cinco familias posee carro, es común viajar en transporte público.

 **Proyecto de la Comunidad**

Hagamos Muñecas Matrioshka

Las muñecas brillosamente pintadas llamadas matrioshka ("pequeña mamá") son un ejemplo bien conocido del arte folklórico ruso. La mayoría son hechas de madera y cabe una dentro de la otra.

Materiales

- Vasos de espuma en tres tamaños diferentes
- Marcadores de fieltro

Instrucciones

- Observa las muñecas matrioshka en el ejemplo de arriba.
- Pinta las caras y las ropas en cada una de los vasos.
- Coloca los más pequeños dentro de los más grandes.

Moscú

Moscú ha sido la capital de Rusia dos veces. Esta ciudad fué la primera capital de Rusia. Entonces, por casi 200 años, la ciudad rusa de San Petersburgo fué la capital. Hace cerca de 80 años, Moscú se convirtió de nuevo en la capital del país.

Moscú está localizada en la Rusia occidental. El rio Moscú pasa por la ciudad. La ciudad se encuentra lejos del centro geográfico del país, pero es el centro de la vida rusa.

La Catedral de San Basilio en la Plaza Roja de Moscú

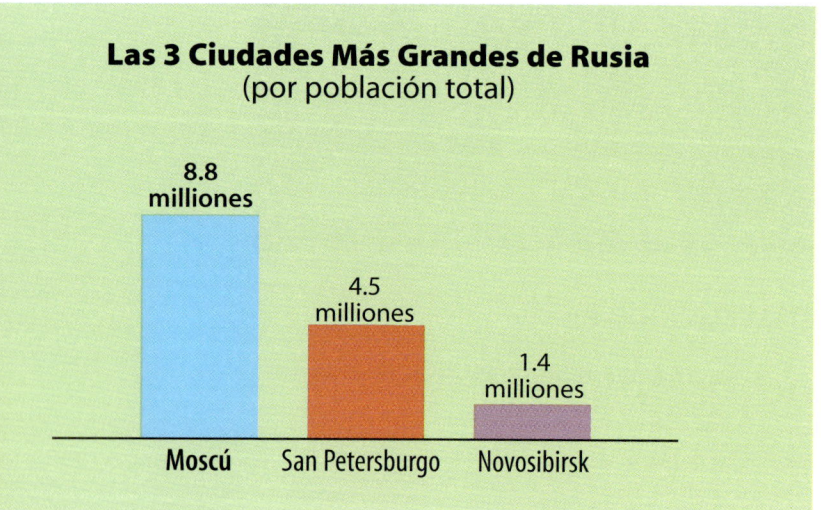

Las 3 Ciudades Más Grandes de Rusia
(por población total)

8.8 millones		
	4.5 millones	
		1.4 millones
Moscú	San Petersburgo	Novosibirsk

A Moscú la llaman "la ciudad eje". Si miras un mapa de la ciudad, verás que Moscú está construida en forma de una rueda. En el medio de la rueda se encuentra el Kremlin. Es una antigua fortaleza amurallada. El Kremlin es hoy el centro del gobierno ruso. Los edificios en su interior son una mezcla de viejas y nuevas construcciones. Hay grandes palacios, bellas iglesias e importantes edificios del Gobierno. Justo frente al Kremlin hay una gran plaza llamada la Plaza Roja. Ahí se celebran a menudo desfiles y eventos políticos.

En los alrededores del Kremlin hay muchas tiendas, modernas oficinas y grandes edificios culturales. Moscú tiene una larga historia como centro cultural del país. En la ciudad se encuentran casi 100 museos y galerías de arte. Hay también más de 1000 bibliotecas. Los ciudadanos de Moscú también disfrutan de una orquesta sinfónica y de las famosas compañías de ballet y de opera del Teatro Bolshoi.

Importantes distritos manufactureros rodean áreas comerciales y culturales de la ciudad. Moscú es la ciudad industrial más importante de Rusia.

En Moscú la mayoría de la gente viaja en el **metro** o subterraneo. ¡El metro de Moscú tiene las estaciones más bellas de todo el mundo! Cada estación está decorada en un estilo completamente diferente. Parecen salones de un palacio imperial con sus lámparas de vidrio y grandes estatuas de piedra. Moscú es el centro de trans-

portación de todo el pais. Las autopistas y los rieles del ferrocarril salen en todas direcciones desde la ciudad hacia el campo.

Penosamente, como sucede en muchas otras grandes ciudades del mundo, el crimen, la contaminación y la mucha gente pobre y sin hogar son grandes problemas en Moscú.

Imponentes edificios antiguos dominan las calles del centro de Moscú.

Sudáfrica

¿Cuán grande es?

Sudáfrica es casi dos veces el tamaño de Tejas.

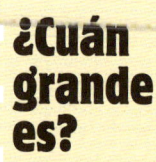 Por su nombre, probablemente te imaginarás donde se encuentra el país de Sudáfrica. Está localizado en el extremo sur del inmenso **continente** de África. Sudáfrica está al sur del **ecuador**. Esto quiere decir que está en el **Hemisferio Sur**. Las estaciones en los países del hemisferio sur son contrarias a las del **Hemisferio Norte**. Cuando es invierno en los Estados Unidos, es verano en Sudáfrica.

Sudáfrica hace frontera en el norte con los países de Namibia, Botswana, Zimbabue, Mozambique y Swazilandia. Las aguas a lo largo de la costa oriental de Sudáfrica se llaman Océano Índico.

De un Vistazo

Nombre oficial: República de Sudáfrica

Capital: Pretoria (administrativa); Ciudad del Cabo (legislativa); Bloemfontein (judicial)

Área: 471,444 millas cuadradas

Población: 45,095,459 habitantes

Distribución de la Población
50% rural 50% urbana

Tipo de Gobierno: República

Principales cultivos: Maiz, granos, papas, azúcar, frutas, tomates, tabaco.

Principales industrias: Oro, diamantes, minas de cromo, metalurgia, comida

Recursos naturales: Oro, carbón, hierro, níquel, estaño, uranio, piedras preciosas, diamantes, platino, sal, gas natural, cromo.

Unidad Monetaria: Rand

Idiomas principales: 11 idiomas oficiales: afrikaans, inglés, ndebele, Pedi, Sotho, Swazi, Tsonga, Tswana, Venda, Xhosa, Zulú.

Principales religiones: Cristianismo, Hinduismo, Islam.

Clave
★ Capital
● Ciudad principal

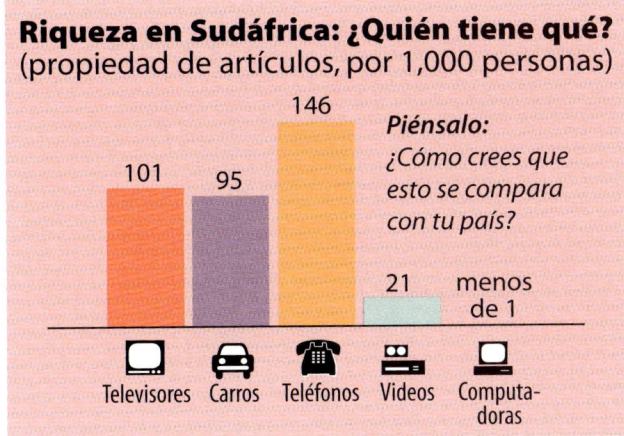

Riqueza en Sudáfrica: ¿Quién tiene qué?
(propiedad de artículos, por 1,000 personas)

Piénsalo:
¿Cómo crees que esto se compara con tu país?

Televisores	Carros	Teléfonos	Videos	Computadoras
101	95	146	21	menos de 1

Las aguas a lo largo de la costa occidental son el Océano Atlántico Sur.

El territorio de Sudáfrica es casi el doble de Tejas. Aproximadamente 45 millones de personas viven allá.

La gran parte del territorio sudafricano está compuesto por una serie de **mesetas** llamadas **velds** (llanuras de pasto) por los sudafricanos. En el área llamada el Alto Veld se encuentra la mina de oro más grande del mundo. Oro, diamantes y otros metales son los recursos naturales más importantes de Sudáfrica. Muchas personas trabajan en minas y factorías. En Sudáfrica llueve poco. Esto hace el terreno más apto para **pastorear** animales que para el cultivo. Sudáfrica es uno de los principales paises del mundo en la crianza dc ovejas y producción de lana.

Tormenta de Ideas

La navidad y el año nuevo se celebran en el verano sudafricano. El año nuevo en Sudáfrica se celebra con barbacoas, natación, desfiles y actividades deportivas. ¿Cómo celebra tu familia el día de año nuevo? ¿Cómo influye el clima de tu región en las actividades que tu disfrutas?

Jirafas, zebras, leones, rinocerontes, hipopótamos, elefantes y otros animales pasean libremente en los parques protegidos de vida silvestre.

Las áreas costeras del país son estrechas. En la costa occidental está el desierto de Namib. En el norte se encuentra el desierto de Kalahari.

Las Muchas Comunidades de Sudáfrica

Por más de cuarenta años, estuvo establecida una política gubernamental llamada **aparteid**. Esta política consistía en dividir las personas en Sudáfrica según el color de su piel. Aparteid significa "separación" en afrikaans. Las leyes del aparteid indicaban a los negros donde debían vivir y que trabajos podían hacer. Inclusive, les indicaban con quien debían casarse. Existían escuelas, restaurantes y otros lugares públicos separados para los negros y los blancos.

Ciudad del Cabo está situada en la costa sur del país.

Nelson Mandela

Lentamente, el gobierno sudafricano empezó a cambiar las leyes. Finalmente, en 1994, los negros sudafricanos votaron por primera vez. Nelson Mandela fué electo el primer presidente sudafricano. Mandela era un lider negro que estuvo en la cárcel durante 26 años por hablar en contra del aparteid.

Comunidades Étnicas

Existen en Sudáfrica cuatro **grupos étnicos** principales y 11 idiomas oficiales. El grupo más grande—casi tres cuartos de la población—es negro o africano. Diferentes tribus componen este grupo. El grupo africano más numeroso es el Zulú. Otros grupos son el Xhosa y el Sotho. La mayoría de los africanos habla el lenguaje de su propio grupo. Muchos africanos también hablan inglés.

El segundo grupo étnico más grande, casi el 14%, es blanco. Los blancos sudafricanos están divididos en dos grupos. La mayoría son los llamados afrikaaners. Son gente cuyos **ancestros** vinieron principalmente de paises europeos: Holanda, Francia o Alemania. Ellos hablan afrikaans. Este idioma es una mezcla de holandés y frases de otros idiomas de origen africano.

El tercer grupo étnico son los llamados de color. Son una mezcla de razas nativas de África, asiáticos y blancos europeos. Casi el 9% de la población pertenece a este grupo mixto. La mayoría habla afrikaans.

El último grupo es el hindú. Constituyen el 2% de la población. Hablan generalmente inglés e hindi.

Comunidades Religiosas

La religión más común en Sudáfrica es el Cristianismo. Casi el 85% de la población sudafricana es Cristiana. Blancos, personas de color, y más de la mitad de los negros asisten a una diversidad de iglesias cristianas. Casi el 25% de los negros siguen las creencias **tradicionales** del África, como es el adorar a los antepasados. Casi el 20% de la población negra asiste a iglesias que combinan el Cristianismo con las creencias y prácticas religiosas tradicionales de África.

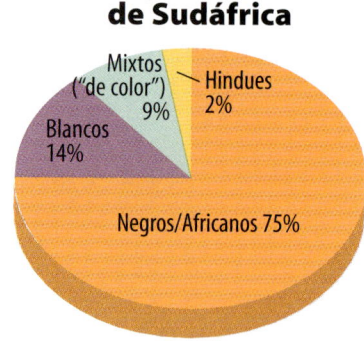

Grupos Étnicos de Sudáfrica

- Mixtos ("de color") 9%
- Hindues 2%
- Blancos 14%
- Negros/Africanos 75%

Hombre zulú

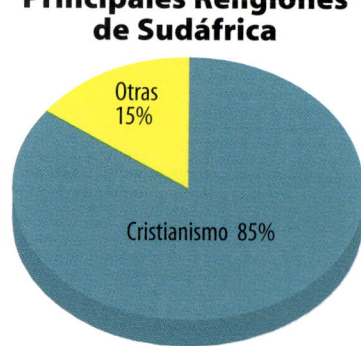

Principales Religiones de Sudáfrica

- Otras 15%
- Cristianismo 85%

El hinduismo, el Budismo, el Judaismo y el Islam son practicados por pequeños grupos de **ciudadanos** sudafricanos.

Comunidades Artísticas y Culturales

Los negros sudafricanos tienen una rica **tradición** en arte folklórico y artesanía. Esta tradición artística se basa en agregar colores y belleza a los objetos de uso cotidiano. Algunos ejemplos son las vasijas de cerámica, la ropa, las joyas y hasta las casas.

La música tradicional y el baile combinan

Tormenta de Ideas

Despues que terminó el aparteid, Sudáfrica cambió a una nueva bandera. Ahora tiene también dos himnos nacionales. ¿Porqué crees que era importante hacer estos cambios? ¿Conoces algo en la historia de tu país similar al aparteid?

cantos y cuentos. Los instrumentos más comunes son el tambor, la gaita, y el xilófono. La voz humana también se usa para imitar el sonido de los instrumentos.

De un Vistazo

Días de Fiesta y Festivales

★ Días de Fiesta Nacionales

Día de la Libertad: 27 de Abril. Celebra la terminación oficial del aparteid. Fué aprobada una nueva constitución. Los negros africanos votaron por primera vez.

★ Otros Días de Fiesta

Día de la República: 31 de Mayo. Marca la decisión de los votantes sudafricanos blancos de ser una república en vez de una monarquía (gobernados por un rey y una reina).

Día de Año Nuevo: Se celebra igual que en los Estados Unidos y otros paises occidentales.

Navidad y Pascua: Se celebra igual que en Estados Unidos y otros paises occidentales.

Festival Grahamstown: Durante dos semanas en julio los artistas presentan obras de música, teatro, ópera y danza.

Festival Nagmaal: Evento social y religioso de los afrikaaners. La gente viene del campo a las ciudades y pueblos para ir a la iglesia y

Mujer celebrando el Día de la Libertad

asistir con los amigos a lo que se ha convertido en "feria nacional".

Día del Voto: 16 de Diciembre. Recuerda el conflicto entre guerrilleros Zulues y los colonos africanos.

Tormenta de Ideas

El aparteid creó muchos problemas en Sudáfrica. Aunque el apateid terminó, todavia existen problemas que deben ser resueltos. ¿Cuáles crees tu son los principales problemas que enfrenta Sudáfrica actualmente?

Cuentos, leyendas y poemas se narran de una generación a otra. Es asi como la gente transmite su historia y sus costumbres más importantes.

Vida Cotidiana

El aparteid ha terminado y el nuevo gobierno está trabajando duro para hacer cambios. Pero todavía la calidad de vida del sudafricano depende mucho del color de su piel.

Comunidades Educativas

Hasta el 1981, los niños negros ni siquiera eran obligados a ir a la escuela. Las escuelas a las que asistían eran pobres. A menudo no tenían calefacción ni luz, ni libros ni útiles. Los niños blancos iban a escuelas similares a buenas escuelas de los Estados Unidos.

Desde el fin del aparteid, las escuelas ya no están separadas (**segregadas**) por ley. Todos los niños entre 7 y 16 años de edad están obligados a ir a la escuela. La educación es gratis los primeros 5 años. El nuevo gobierno esperaba que para el 2000 seria posible darle diez años de educación gratis a todos los niños.

Comunidades de Amigos

Los sudafricanos de todas las razas aman el deporte. El clima suave permite a los niños practicar juegos y deportes al aire libre casi todo el año. La natación es muy popular y existen muchas piscinas abiertas para todo el mundo. El fútbol es el deporte favorito de la mayoría de los niños.

Sudáfrica sólo ha tenido televisión en los últimos 20 años. Mirar televisión con los amigos es actualmente una manera común de pasar el tiempo. Ir al cine también es muy popular en Sudáfrica.

Comunidades Familiares

Casi dos tercios de los sudafricanos viven en áreas **urbanas** (ciudades). La mayoría de las familias blancas viven de forma similar a los americanos de clase media. Tienen

Los niños sudafricanos provienen de ancestros muy diversos.

Proyecto de la Comunidad

Construyamos un Kraal (aldea) Zulú

Las casas zulúes son obras de arte muy especiales. La casa tradicional zulú es una choza de yerba en forma de colmena. No tiene ventana sino una sola salida en forma de arco. El exterior de la choza se decora a menudo con formas y diseños geométricos de colores muy vivos.

Materiales

- Un círculo de seis pulgadas de papel de construcción crema
- Una tira de 2" X 12" de papel de construcción marrón
- Marcadores • Grapadora

Instrucciones

- Haz una ranura desde la orilla del círculo hasta el centro. Coloca las orillas una sobre la otra para formar el techo en forma de cono.

- Recorta una puerta en forma de arco en el medio del papel marrón

- Decora la tira del papel marrón con diseños geométricos

- Grapa junto los extremos del papel marrón para formar las paredes.

- Pega el techo a las paredes con cinta adhesiva en el interior de la casa

- Coloca tu casa zulú junto a las de tus compañeros para hacer una aldea.

una casa y suficiente dinero para comprar un buen carro y tomar vacaciones. Los adultos blancos todavía tienen los mejores empleos en el gobierno, el comercio y la industria.

Casi la mitad de los negros sudafricanos viven en municipios y ciudades en donde llevan un estilo de vida occidental. Pero todavía muchos de ellos son pobres.

La otra mitad de la población negra vive en áreas rurales llamadas terrenos natales. La mayoría de la gente en estas áreas viven igual que sus antepasados. Viven de la agricultura. Sus casas humildes son en forma de cono hechas de barro, yerba y paja. La vida familiar es difícil. Los padres muy a menudo tienen que dejar el hogar por largo tiempo para ir a trabajar lejos en minas y factorías. Aveces sólo pueden visitar sus familias una o dos veces al año.

Johannesburgo

Johannesburgo es la segunda ciudad más grande de Sudáfrica. Fué fundada hace más de 100 años cuando se descubrió una rica mina de oro en su cercanía. Hoy Johannesburgo es el principal centro financiero e industrial de Sudáfrica.

Al igual que muchas otras ciudades de Sudáfrica, Johannesburgo es muy moderna. Tiene altos edificios de oficinas, centros comerciales y museos. Hay muchas galerías de arte, teatros y tranquilos parques. En los suburbios habitan los blancos más ricos de la ciudad.

Casi la mitad de la población de Johannesburgo trabaja en las minas de oro

Hablemos de Geografía

Sudáfrica tiene tres capitales. Estas son Pretoria, Ciudad del Cabo y Bloemfontein. ¿Puedes encontrarlas en el mapa?

El centro de Johannesburgo está lleno de mercados y compradores.

Escolares del municipio de Soweto aprenden a contar.

de la cercanía. Otras personas trabajan en los negocios y factorías de la ciudad. Las factorías de Johannesburgo producen químicos, maquinarias, muebles y diamantes.

Quince millas afuera de Johannesburgo está el municipio de Soweto. Los municipios se formaron bajo el aparteid. Suministraban viviendas para los negros que trabajaban en la ciudad pero no se les permitía vivir en ella. Soweto tiene más de dos millones de habitantes, siendo más grande que Johannesburgo. Soweto tiene una mezcla de áreas muy pobres y vecindarios acomodados. Tiene escuelas modernas, centros comerciales y mercados al aire libre. Pero gran parte de Soweto y otros

municipios no son más que grandes **barriadas**. En estos municipios las casas son pequeñas y muy juntas entre si. Muchas no tienen agua corriente ni electricidad.

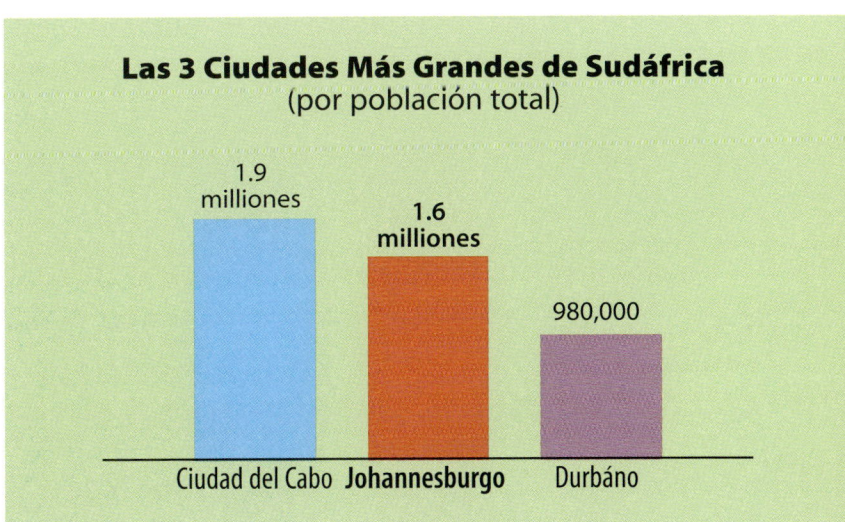

Las 3 Ciudades Más Grandes de Sudáfrica
(por población total)

Ciudad del Cabo	Johannesburgo	Durbáno
1.9 milliones	1.6 milliones	980,000

Israel

Cuando en los Estados Unidos te vas a dormir, los niños en Israel se están levantando para ir al colegio, porque Israel está casi al otro lado del mundo. Para viajar hacia allá, debes volar al este de los Estados Unidos y cruzar el Océano Atlántico, Europa y el Mar Mediterráneo. Debes aterrizar en una parte del **continente** asiático llamada Oriente Medio. Israel está localizado en un pequeño territorio donde se juntan los continentes de Europa, Asia y África.

LÍBANO

ORIENTE MEDIO

Ecuador

ALTOS DEL GOLÁN

● Haifa

Mar de Galilea

SIRIA

N
O E
S

CISJORDANIA

Río Jordán

Tel-Aviv Yafo ●

MAR MEDITERRÁNEO

Jerusalén ★

Mar Muerto

FRANJA DE GAZA

JORDANIA

Clave
★ Capital
● Ciudad principal

Territorio en disputa ocupado por Israel

EGYPT

De un Vistazo

Nombre Oficial: Estado de Israel

Capital: Jerusalén

Área: 8,019 millas cuadradas

Punto más bajo: El Mar Muerto (el punto más bajo de la tierra, 1,312 pies bajo el nivel del mar)

Población: 5,433,134 habitantes

Tipo de gobierno: República

Principales cultivos: Cítricos y otras frutas, vegetales, algodón, carnes y productos lácteos.

9% rural

91% urbana

Distribución de la Población

Principales industrias: Máquinarias y equipos, diamantes tallados, químicos, textiles y ropas, metales, procesamiento de alimentos.

Recursos naturales: Cobre, arena, sulfuro, asfalto, fosfatos, barro.

Unidad monetaria: Nuevo Shekel

Principales idiomas: Hebreo (oficial); árabe (usado oficialmente por la minoría árabe); inglés (idioma extranjero más usado).

Principales religiones: Judaismo, Islam, Cristianismo.

Hablemos de Geografía

Observa el mapa de Israel ¿Porqué crees que a Israel se le llama un "territorio puente"?

Pescando en el Mar de Galilea

Israel está al norte del **ecuador**. Esto significa que Israel está en el **Hemisferio Norte**. Israel tiene la forma de una flecha. Su punta está hacia el sur. Si observas el mapa, verás que algunas áreas de Israel aparecen en color naranja. Esos territorios color naranja están en disputa o desacuerdo. Los vecinos de Israel—Egipto, Siria, Líbano y Jordania—han estado en guerra con Israel por la posesión de estos territorios. Estos países han peleado por más de 50 años. En la actualidad todavía no están de acuerdo.

Israel es un país muy pequeño. Es solamente un poco más grande que el estado de New Jersey. Más de 5 millones de personas viven en Israel. Esto es menos que la cantidad de gente que vive en la ciudad de Nueva York.

Para ser un país pequeño, Israel tiene una gran variedad de paisajes. Las aguas a lo largo de la costa oeste se llaman Mar Mediterráneo. Esta región forma la **llanura** costera. Aquí, la temperatura es cálida y el terreno es **fértil**. Aqui también corren dos de los principales rios de Israel, el rio Kishón y el rio Yarkón. Esta región produce los **cítricos** que son tan importantes para los agricultores del país.

Las **industrias** de la costa mediterránea producen muchos productos, entre ellos **químicos**, ropas, electrónicos y diamantes pulidos. Debido a su **clima** agradable y tierra fértil, y a las muchas oportunidades de trabajo, esta es la parte del país más densamente poblada.

Gran parte de Israel es desierto.

Riqueza en Israel: ¿Quién tiene qué?
(propiedad de artículos, por 1,000 personas)

465

266

159

88

Piénsalo:
¿Cómo crees que esto se compara con tu país?

hay muchos en el país

Televisores   Carros   Teléfonos   Videos   Computadoras

Comunidades Étnicas

Existen en Israel dos **grupos étnicos** principales. Un grupo es el llamado Ashkenazim. Son judíos que vinieron originalmente de paises del norte y este de Europa, como Alemania, Rusia y Polonia. El segundo grupo es el llamado Sefardita. Son judíos que originalmente vinieron de España, Irán, Yemén y el norte de África.

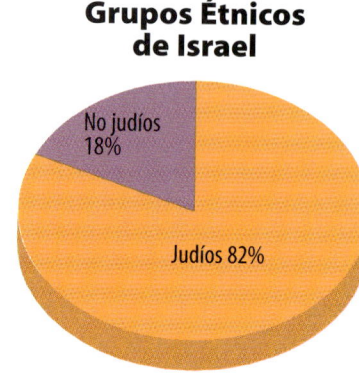

Grupos Étnicos de Israel

No judíos 18%

Judíos 82%

Casi la mitad de los judíos de Israel nacieron fuera del país. ¡Todos ellos, vinieron de más de 70 paises diferentes! Toda esta gente diferente hablan muchos idiomas diferentes. Pero el Gobierno imparte clases especiales donde les enseñan a hablar el mismo idioma—hebreo.

El tercer grupo étnico está formado por personas que hablan árabe. Dos grupos árabes juegan un papel importante en la cultura de Israel. Ellos son los beduinos y los drusos. Algunas tribus beduinas son **nómadas**. Eso significa que van de un lugar a otro. Los beduinos instalan sus tiendas de campaña donde encuentran agua para sus rebaños de ovejas y cabras. Los drusos son principalmente agricultores. Ellos tienen su

En el sur de Israel se encuentra el Desierto de Négev. Ocupa más de la mitad del territorio de Israel. Debido a que gran parte del país es un desierto, el suministro de agua siempre ha sido un problema para Israel.

En todo el margen oriental del país está el Gran Valle Agrietado Sirio-africano. Esta grieta profunda en la tierra tiene un millón de años. Aquí se encuentra el rio Jordán, el más largo del país. El salado Mar Muerto, el lugar más bajo de la tierra, también está situado aquí.

Las Muchas Comunidades de Israel

Israel es una mezcla de diferentes gentes y estilos de vida. Ya sean judíos o árabes, la gente de Israel pertenece a muchas comunidades diferentes.

Un niño lee la Tora como parte del ceremonial del Bar-Mitzvah.

propia religión, que mantienen en secreto a los extraños.

Comunidades Religiosas

Israel fué fundada como una patria judía. Alrededor del 82% de la población es judía. De las principales religiones del mundo, el Judaismo es la más antigua. También fue la primera en enseñar la creencia en un solo Dios. El libro sagrado del Judaismo se llama la Tora. Está compuesto de los cinco primeros libros de la Biblia. La Tora enseña la historia judía y las leyes básicas del Judaismo. La leyes judías tienen como objeto principal enseñar a la gente a ser buenos seres humanos y hacer del mundo un lugar mejor.

La mayoría de los judíos de Israel observan las fiestas y ceremonias de la vida judía. Existen dos ceremonias muy importantes para la familia judía. Los niños varones entran a la comunidad judía con una ceremonia llamada brit. Esta ceremonia consiste en cortar el prepucio del niño (circuncisión).

A la edad de 13 años, al varón se le pide leer la Tora por primera vez. Esta ceremonia es el bar-mitvah, que significa en hebreo "hijo de los mandamientos". Esta ocasión muy importante señala el paso de la niñez a la adultez. Las ceremonias

Principales Religiones de Israel

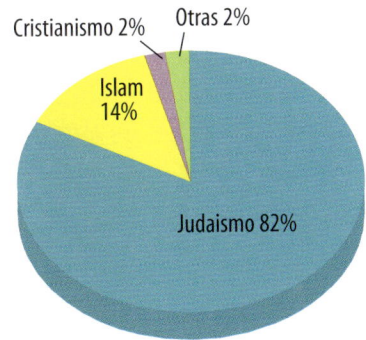

Cristianismo 2% Otras 2%

Islam 14%

Judaismo 82%

De un Vistazo

Días de Fiesta y Festivales

Debido a que Israel es un estado judío, todas las fiestas y festivales judíos son fiestas nacionales.

Rosh ha shana: Celebración en el otoño del año nuevo judío.

Yom Kippur: Día judío de la expiación (se pide por el perdón de los pecados). Se celebra ocho días después del Rosh ha shana. Es el día más sagrado del año.

Januca: "Festival de las Luces" que se celebra usualmente en diciembre durante ocho días. Celebra el milagro del "aceite que ardió durante ocho días" y la victoria de un pequeño grupo de soldados judíos. Se encienden velas, se intercambian regalos, se practican juegos y se comen platos tradicionales.

Purim: Festival de primavera que celebra la historia de la reina Ester quien salvó el pueblo judío del malvado Hamen. Se celebra el evento con desfiles, disfraces

Tormenta de Ideas

Varios días de fiesta se celebran en Israel comiendo alimentos especiales. ¿Celebras algún día de fiesta con alimentos especiales?

y galletas triangulares rellenas de semillas de amapola llamadas "hamantaschen".

Pesaj: Festival de la liberación judía que se efectua en primavera. Celebra el escape del pueblo judío de la esclavitud en Egipto. Se sirve una comida familiar llamada *seder*. Se comen alimentos especiales sin levadura como el matzo, pan en forma de galleta.

Dia de Recordación: Se celebra en primavera. Honra a aquellos que dieron sus vidas por la independencia de Israel.

Día de la Independencia: Se celebra el día siguiente al Día de Recordación. Celebra la fundación del estado de Israel (1948) con desfiles, fuegos artificiales y conciertos.

★Otros Días de Fiesta

Ramadán: Período de un mes de ayuno y oración observado por los musulmanes.

Celebrando el seder, la tradicional cena de Pesaj, o Pascua Judía

La mezquita de Al-Aqsa y la dorada Cúpula de la Roca se ven por encima del Muro Occidental.

para las niñas, llamadas bat-mitzvahs, son menos comunes.

La mayoría del resto de la gente en Israel—casi el 14%—son **musulmanes**. Los musulmanes son seguidores del **Islam**. Leen su libro sagrado llamado el Corán y rezan a Alá. Su casa de oración es la **mezquita**. Los musulmanes estrictos oran cinco veces al día. El Islam fué fundado por Mahoma. Es considerado el profeta o mensajero de Alá. Los musulmanes también observan rituales en ocasion del nacimiento y la adultez. Al igual que en el judaismo, la ceremonia tradicional de los musulmanes para el nacimiento de niños varones incluye también el rito de la circuncisión.

Sólo un pequeño porcentaje de la población de Israel es cristiana. Pero Israel es muy importante para todos los cristianos. Cristianos de todas partes del mundo viajan cada año a Israel para conocer donde Cristo vivió, predicó y murió.

Comunidades Artísticas y Culturales

El arte y la artesanía se encuentran en todas partes de Israel. Existen enormes esculturas en parques y museos. Coloridos **mosaicos** (decoración) de azulejos cubren la más importante mezquita musulmana cerca de la Cúpula de la Roca. En las **sinagogas** e iglesias podemos ver relucientes vitrales. Por todas partes hay pinturas, fotografías y cerámicas. Debido a que Israel es la tierra sagrada de judíos, musulmanes y cristianos, allá existen muchos bellos objetos religiosos.

La música forma parte importante de la cultura de Israel. Los israelitas disfrutan todo tipo de música, desde canciones folklóricas hasta el *rock and roll*. Asistir a los conciertos es una actividad favorita.

El baile es también muy popular. La gente se reune en los centros comunales para celebrar bailes folklóricos. El baile en la calle es a menudo parte de las celebraciones.

Israel es una nación de lectores. Los israelitas leen y publican más libros por persona que casi ningún otro país del mundo.

Vida Cotidiana

La vida cotidiana en Israel es diferente dependiendo del lugar donde viva la gente. Casi el 90% de la población vive en áreas urbanas (ciudades). La mayoría de esas personas viven del comercio, la industria y la construcción. Un pequeño grupo de israelitas son agricultores. No importa el lugar donde viva, la gente forma parte de muchas comunidades.

Israel posee muchas ruinas antiguas.

Comunidades Educativas

Los judíos han sido llamados "la gente del libro". La educación es muy importante en Israel. Al igual que en los Estados Unidos, la mayoría de los niños en Israel asisten al preescolar. ¡Pero los niños en Israel van a la escuela 6 días a la semana! Dependiendo si son musulmanes, judíos o cristianos, los niños tienen libre el viernes, el sábado o el domingo. La mayoría de los niños de diferentes religiones van a escuelas diferentes. Aprenden muchas de las materias que tu estudias, tales como matemáticas, ciencia y lectura. Los niños judíos también estudian la biblia y la historia judía. En el quinto curso, todos los niños estudian inglés. Los niños árabes estudian las mismas materias básicas, pero aprenden su propia historia, cultura y religión. Al finalizar la escuela secundaria, la mayoría de los jóvenes judíos, varones y hembras tienen que servir en el ejército israelí.

Comunidades de Amigos

Al igual que tu, los niños israelitas disfrutan con sus amigos. Una manera de compartir juntos es practicar deportes, especialmente el fútbol. Otra actividad muy popular es ser niño explorador. Casi todos los niños israelitas pertenecen a un grupo juvenil. Los grupos se dedican a hacer excursiones, hacer camping y a programas de servicio comunitario como ayudar en un hospital. Los centros comunales también patrocinan programas para después de las clases, donde los niños se reunen y realizan actividades diversas, como proyectos artísticos y artesanales.

Proyecto de la Comunidad

Hagamos Mosaicos de Azulejos

Muchas mezquitas de Israel tienen sus paredes, pisos y techos decorados con bellos azulejos. Los diseños de los azulejos son usualmente complejos dibujos de formas, figuras o escrituras árabes, debido a que el Corán prohibe a los artistas musulmanes exhibir formas humanas o de animales.

Materiales

- Marcadores de dos o tres colores diferentes
- Pedazos cuadrados de 6" de papel de construcción blanco

Instrucciones

- Observa los diseños de azulejos en la fotografía.
- Dibuja un modelo. Usa los diseños mostrados u otras combinaciones de formas y flores.

- Trabaja con tus compañeros para colocar tus azulejos en un mural cubierto con papel azul. La tradición musulmana considera que el azul es un color de muy buena suerte. Coloca tus azulejos juntos para que tu exhibición parezca una gran pared de mosaico en Israel.

Comunidades Familiares

Las familias israelitas están muy ocupadas durante seis días a la semana. En muchas familias, ambos padres trabajan. Eso significa que el tiempo que se dedica a la familia es muy importante. Los viernes en la tarde y los sábados son especiales para los judíos, porque es el sabat (día de descanso). Los autobuses no trabajan. Las tiendas y negocios están cerrados. La mayoría de las familias disfrutan juntas una cena festiva con velas encendidas. Algunas familias asisten a los servicios religiosos. Otras familias descansan o visitan amigos. En los días de fiesta y vacaciones escolares, las familias israelitas disfrutan conociendo su país. Muchos hacen camping, picnic o caminatas a las muchas ruinas antiguas del país.

Jerusalén

Jerusalén es la capital de Israel. Por ser la ciudad sagrada de tres religiones— Judaismo, Islam y Cristianismo—ha sido objeto de muchas disputas. Eso es muy triste porque el nombre de Jerusalén significa "ciudad de paz".

La Via Dolorosa en el barrio musulman de la ciudad vieja de Jerusalén

Jerusalén es como dos ciudades en una sola. La parte oriental es llamada la ciudad vieja. La ciudad vieja está rodeada de una muralla de piedra de 450 años de antiguedad. Está dividida en cuatro sectores —judío, musulmán, cristiano y armenio. En el área llamada Monte Templo está el Muro Occidental o de las "Lamentaciones". Es el lugar más sagrado de los judíos. Cerca del Muro Occidental está la reluciente Cúpula de la Roca, uno de los lugares más sagrados de los musulmanes. La ciudad vieja de Jerusalén es muy activa día y noche. Visitantes de todas partes del mundo vienen a comprar en sus mercados al aire libre y a contemplar sus bellos edificios antiguos. Jóvenes soldados vigi-

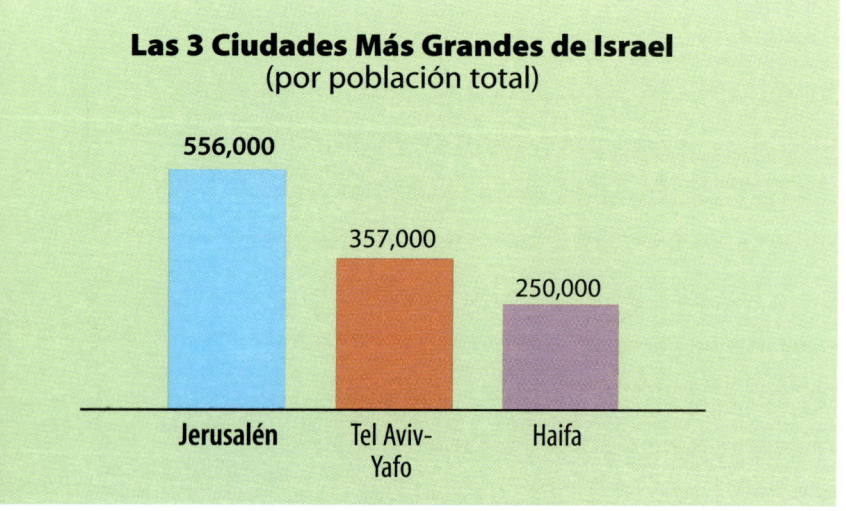

Las 3 Ciudades Más Grandes de Israel
(por población total)

Jerusalén	Tel Aviv-Yafo	Haifa
556,000	357,000	250,000

lantes protegen sus calles estrechas. La ciudad nueva está al oeste de la ciudad vieja. Aunque parte de la ciudad nueva es antigua, la mayor parte es moderna. Existen magníficos museos, elegantes tiendas, altos

Tormenta de Ideas

1- ¿Qué parte de Jerusalén te gustaría visitar, la ciudad vieja o la ciudad nueva?
2- Muchas ruinas de Jerusalén tienen más de 2000 años. ¿Cuál es la cosa más vieja de tu ciudad o pueblo?

edificios de oficina y tranquilos vecindarios. El Knesset es el edificio gubernamental donde se hacen las leyes de Israel. También se encuentra en la ciudad nueva.

Hablemos de Geografía

1 ¿Puedes encontrar Jerusalén en el mapa?
2 ¿Cuáles ciudades crees que forman parte de la llanura costera occidental?

Muchachas de Jerusalén se reunen en uno de los parques de la ciudad.

Inglaterra

¿Cuán grande es?

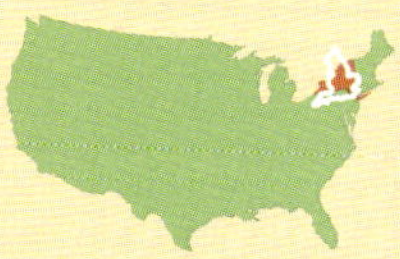

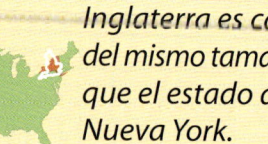

Inglaterra es casi del mismo tamaño que el estado de Nueva York.

Atravesar el Océano Atlántico hasta Inglaterra es un largo viaje en avión. Pero cuando aterrizas, ¡no parece que has salido de los Estados Unidos! Esto no es una sorpresa. Hace poco más de 200 años, este país fué una **colonia** inglesa. El idioma y muchas de las leyes de los Estados Unidos provienen de las **tradiciones** inglesas.

Inglaterra es parte de una nación europea llamada Reino Unido de Gran Bretaña e Irlanda del Norte. Es el país más grande del Reino Unido. Inglaterra es parte de la isla de Gran Bretaña. Está al noroeste del continente europeo. Escocia y Gales son los otros dos paises que conforman la isla.

Mapa

EUROPA

Ecuador

Clave
★ Capital
● Ciudad principal

ESCOCIA

MAR DEL NORTE

IRLANDA DEL NORTE

ISLA DE MAN

MAR DE IRLANDA

IRLANDA

● Manchester

● Birmingham

GALES

Londres ★

OCÉANO ATLÁNTICO NORTE

Estrecho de Dover

CANAL DE LA MANCHA

FRANCIA

De un Vistazo

Nombre oficial: Reino Unido de Gran Bretaña e Irlanda del Norte

Capital: Londres

Área (Reino Unido): 94,525 millas cuadradas

Población (Reino Unido): 58,295,119 habitantes

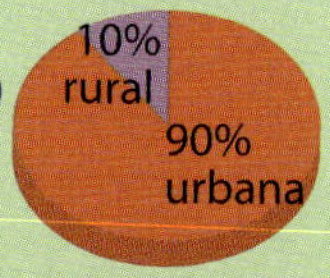

10% rural
90% urbana

Distribución de la Población

Tipo de gobierno: Monarquía constitucional

Principales cultivos: Remolacha, papas, trigo, cebada, productos lácteos.

Principales industrias: Productos manufacturados, maquinaria, combustible, equipo de transporte, alimentos procesados.

Recursos naturales: Carbón, petróleo, gas natural, estaño, piedra caliza, mineral de hierro, sal, barro, yeso, sulfato de cal, plomo.

Unidad monetaria básica: Libra esterlina

Principales idiomas (Reino Unido): Inglés, galés (casi el 26% de la población de Gales), forma escocesa del gaélico (casi 60 mil en Escocia)

Principales religiones (Reino Unido): Anglicana, Católica Romana, Islam, Presbiteriana, Metodista, Sikhismo, Hinduismo, Judaísmo.

Inglaterra está al norte del **ecuador**. Esto significa que pertenece al **Hemisferio Norte.** En su costa occidental se encuentran el Mar de Irlanda y el Océano Atlántico Norte. En su costa oriental está el Mar del Norte. Inglaterra en su parte sur está separada de Francia por sólo las 21 millas del Canal de la Mancha. En 1994, el tunel del canal (llamado por los ingleses el "chunnel") conectó Inglaterra y Francia.

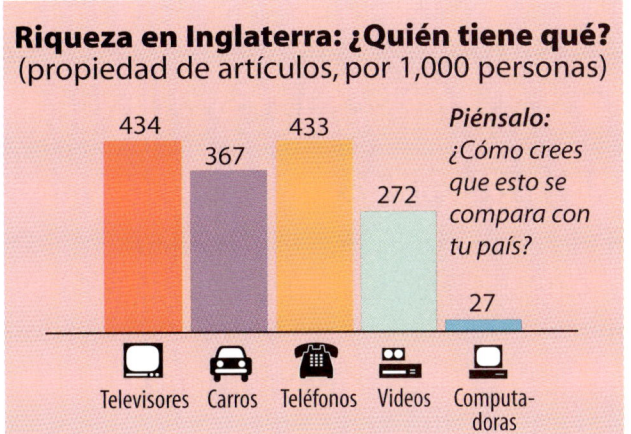

Riqueza en Inglaterra: ¿Quién tiene qué?
(propiedad de artículos, por 1,000 personas)

Piénsalo:
¿Cómo crees que esto se compara con tu país?

Televisores	Carros	Teléfonos	Videos	Computadoras
434	367	433	272	27

Tormenta de Ideas

Inglaterra se encuentra en una gran isla. ¿Porqué crees que su ubicación es importante para el comercio del país?

Ahora, ¡carros y camiones llevan rapidamente pasajeros y mercancías entre los dos paises por debajo del canal!

Inglaterra es un país pequeño y densamente poblado. Su territorio total tiene un poco más de 50 mil millas cuadradas—esto es más o menos el tamaño del estado de Nueva York. Casi 48 millones de personas viven en Inglaterra.

Al norte y suroeste se encuentran áreas montañosas. En el centro y sudeste existen bajas **llanuras** y valles. La mayoría de las gentes viven en esas áreas.

La extensa costa de Inglaterra hace que la pesca sea una **industria** importante.

Suaves colinas y valles verdes hacen de la campiña inglesa el lugar ideal para los picnics.

Las Muchas Comunidades de Inglaterra

Las comunidades inglesas son una interesante mezcla de tradición y cambio.

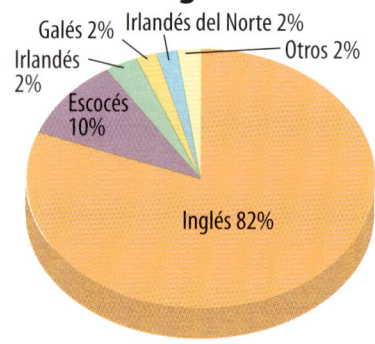

Grupos Étnicos de Inglaterra

- Galés 2%
- Irlandés del Norte 2%
- Otros 2%
- Irlandés 2%
- Escocés 10%
- Inglés 82%

Comunidades étnicas

En Inglaterra existen tres **grupos étnicos** principales. El grupo mayor **desciende** de diversos pueblos europeos. Estos pueblos se establecieron en el país a traves de miles de años.

El segundo grupo importante es asiático, principalmente de Paquistán y la India.

El tercer grupo es afro-caribeño. Gente de este grupo vinieron en su mayoría del Caribe.

Los grupos de **inmigrantes** fueron requeridos por Inglaterra porque el país necesitaba trabajadores. Muchos enfrentaron **prejuicios** en el trabajo, educación y vivienda.

Los escolares de Inglaterra reflejan la mezla étnica del país.

La Abadía de Westminster es una de las iglesias más famosas de Inglaterra.

Comunidades Religiosas

Inglaterra es oficialmente un país cristiano, pero existe libertad religiosa. La Iglesia de Inglaterra se llama también Iglesia Anglicana. Es la iglesia oficial del país. El **monarca** (rey o reina) es su cabeza ceremonial. Es una iglesia protestante, pero las prácticas religiosas y servicios varían. Más de la mitad de los ingleses pertenecen a la iglesia Anglicana. Cerca del 20% asisten regularmente a la iglesia.

Los católicos romanos componen el segundo grupo religioso en tamaño.

El grupo más grande de

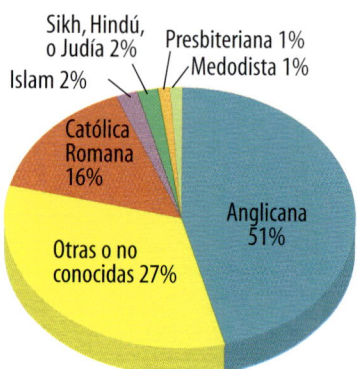

Principales Religiones del Reino Unido

- Sikh, Hindú, o Judía 2%
- Islam 2%
- Presbiteriana 1%
- Metodista 1%
- Católica Romana 16%
- Otras o no conocidas 27%
- Anglicana 51%

De un Vistazo

Días de Fiesta y Festivales

★Días de Fiesta Nacionales

El Saludo a la Bandera: El segundo sábado de junio. Celebra el cumpleaños oficial de la Reina. La Reina inspecciona las tropas que forman su guardia personal.

Día del Armisticio: El domingo más cercano al 11 de noviembre. Honra a aquellos que murieron en las guerras mundiales. La Reina encabeza una procesión. Se colocan coronas en un monumento.

★Días de Fiesta Cristianos

Navidad y Pascua: Se celebran igual que en otros paises occidentales.

Jueves Santo: El día anterior al Viernes Santo. La Reina reparte a los hombres y mujeres pobres monedas especialmente acuñadas.

Coro de villancicos cerca del Puente de Londres

★Otros Días de Fiesta

La Noche de Guy Fawkes (Noche de Fogatas): 5 de Noviembre. Recuerda la conspiración de Guy Fawkes para hacer volar el Parlamento hace casi 400 años. Se celebra con fogatas, bromas, fuegos artificiales y la quema de muñecos de paja. Es similar al Halloween americano.

¿Qué Significa?

Aunque se habla inglés en Inglaterra y en los Estados Unidos, a veces se usan palabras distintas para describir la misma cosa.

	en Inglaterra	en Estados Unidos
ascensor	*lift*	*elevator*
camión	*lorry*	*truck*
policía	*bobby*	*policeman*

no cristianos son los **musulmanes**. Los musulmanes siguen la religión del **Islam**. El Islam enseña a creer en un Dios llamado Alá.

En Inglaterra hay muchas personas que practican religiones como el Sikhismo, Budismo e Hinduismo. El país tiene también una de las poblaciones judías más grandes de Europa.

Comunidades Artísticas y Culturales

Inglaterra es probablemente mejor conocida por sus muchos escritores famosos. William Shakespeare escribió obras de teatro hace más de 400 años. Estas todavía son leidas y presentadas en todas partes del mundo. Películas como "Romeo y Julieta" se han hecho basadas en sus obras. Lewis Caroll, el autor de "Alicia en el País de las Maravillas" fué inglés. También lo fué Beatrix Potter autora de "El Cuento de Peter Rabbit". Charles Dickens escribió su famoso cuento "Villancico de Navidad".

William Shakespeare

En 1960 el grupo inglés llamado Los Beatles cambió para siempre la música rock and roll. Grabaron muchas canciones que fueron grandes éxitos. Otras superestrellas inglesas son los Rolling Stones, Eric Clapton y Elton John.

Vida Cotidiana

La vida en Inglaterra es similar a la vida en otros paises occidentales. Más del 90% de los ingleses viven en áreas **urbanas** (ciudades). La mayoría de los ciudadanos trabajan en empresas de servicios. Estos servicios incluyen la banca, la salud y el **transporte**. También incluyen educación, turismo y comercio. Muchas otras personas trabajan en industrias manufactureras. En el campo hay muchas modernas ganaderías y granjas de ovejas.

Comunidades Educativas

Si visitas una aula de una escuela inglesa, posiblemente te sentirás como en tu aula.

Al igual que en los Estados Unidos, los niños hablan inglés. Este es el idioma oficial de Inglaterra. Pero su inglés no es

Estudiantes del condado inglés de Lincolnshire hacen un experimento en la clase de química.

¿Qué Significa?

Uno de los deportes más populares de Inglaterra es el fútbol. Pero no es el fútbol americano. En Inglaterra, el fútbol es lo que los americanos llaman soccer. Lo que los ingleses llaman rugby es muy parecido al fútbol americano.

exactamente como el inglés americano. Muchas palabras son diferentes.

En Inglaterra, todos los niños entre 5 y 16 años de edad deben asistir a la escuela. Casi el 90% de los niños asisten a escuelas estatales gratuitas. Estas escuelas son pagadas por el Gobierno. Los internados también son comunes en Inglaterra. Empezando en la escuela primaria, los niños viven en la escuela en vez de en casa. Viven en grupos en instalaciones llamadas **dormitorios**. La mayoría de los internados americanos fueron creados siguiendo el modelo inglés.

Comunidades de Amigos

Las actividades al aire libre más populares en Inglaterra son patinaje, ciclismo o andar en un parque. En casa, los juegos de mesa o de computadoras son populares. El snooker, un juego parecido al billar, es también muy divertido.

Existen miles de clubes deportivos en el país. La mayoría de los niños ingleses participan en por lo menos un equipo deportivo organizado. El fútbol es el más popular. A grupos de amigos les gusta jugar fútbol, ver competir su equipo favorito e intercambiar postalitas de fútbol (iguales a las postalitas de béisbol). El

Proyecto de la Comunidad

Hagamos un Escudo de Armas

Hace mucho tiempo los caballeros ingleses usaban armaduras para protegerse en las batallas. Debajo de esos cascos y trajes de metal era difícil distinguir los amigos de los enemigos. Los caballeros empezaron a usar emblemas (dibujos) en sus escudos, tales como un árbol o un león. De esta manera los otros podían reconocerlos en una batalla.

Materiales
- Papel de construcción blanco
- Marcadores de colores

Instrucciones
- Observa los escudos de armas.

- Dibuja un escudo grande en el centro del papel.

- Decide cuál figura deseas que te identifique, como un animal, planta, castillo, espada u otro objeto. Dibújala en el centro de tu escudo.

- Agrega adornos, tales como diseños o figuras geométricas.

- Piensa en un lema o refrán que represente tu personalidad. Escríbelo con letras bonitas.

criquet es parecido al béisbol. Se juega con un bate plano y una pelota. Es también muy popular. Ha sido llamado el deporte nacional inglés.

El rugby es un deporte popular en Inglaterra.

Comunidades Familiares

La mayoría de las familias en Inglaterra son pequeñas. Casi la mitad de las mujeres trabajan. La mayoría de las familias inglesas son dueñas de sus pequeñas casas. El terreno es **escaso**, por lo que muchas casas en los pueblos están unidas unas a otras. Cultivar flores en pequeños jardines es un pasatiempo muy popular.

Las mascotas son importantes miembros de la familia. Casi la mitad de las familias inglesas tienen una mascota. Los perros son su animal favorito.

El almuerzo dominical es una **tradición** familiar en Inglaterra. Pescado frito con papitas fritas es la "comida rápida" favorita de los ingleses.

Londres

Londres es la capital de todo el Reino Unido. Es una de las ciudades más grandes e importantes del mundo. Londres es una mezcla fascinante de lo antiguo y lo moderno. Casi 7 millones de personas viven allá. Es visitada por millones de turistas cada año.

Londres es un gran **puerto**. Esto ha contribuido a que sea un centro de negocios. Inglaterra depende del comercio mundial. Bancos, compañías de seguro y firmas navieras hacen negocios con paises alrededor del mundo. La Bolsa de Valores de Londres es uno de los principales centro de negocios del mundo.

Igual que la mayoría de las ciudades inglesas, Londres es también un importante

La torre de reloj de la Casa del Parlamento en Londres se llama "Big Ben". Es uno de los puntos más famosos de la ciudad.

Hablemos de Geografía

Encuentra a Londres en el mapa de Inglaterra. ¿Porqué crees que la ciudad se convirtió en el centro de negocios más importante de Inglaterra? ¿Porqué crees que Londres está ubicada donde está en la isla?

centro manufacturero. Las factorías en Londres y sus alrededores producen ropa, alimentos y herramientas. También producen accesorios para el hogar, automóviles, cerámica y libros y periódicos.

Los principales edificios gubernamentales están en Londres. Allá se encuentra la Casa del Parlamento (donde se hacen las leyes). Igualmente el Palacio de Buckingham.

Esta es la **residencia** oficial de la familia real. La Abadía de Westminster en Londres es la más famosa de las iglesias inglesas. En ella se han coronado reinas y reyes durante **siglos**. La familia real inglesa ya no gobierna la nación. En su lugar, un primer ministro, un grupo de oficiales de gobierno (llamado gabinete) y un parlamento (similar a un congreso) gobiernan el país.

En Londres la historia se encuentra por todas partes. La Catedral de San Pablo tiene casi 300 años. Allí se celebró la famosa boda del príncipe Carlos y Lady Diana. La conocida Torre de Londres es un palacio que fué convertido en prisión. Es el edificio histórico más antiguo de la ciudad—¡casi mil años de antiguedad!

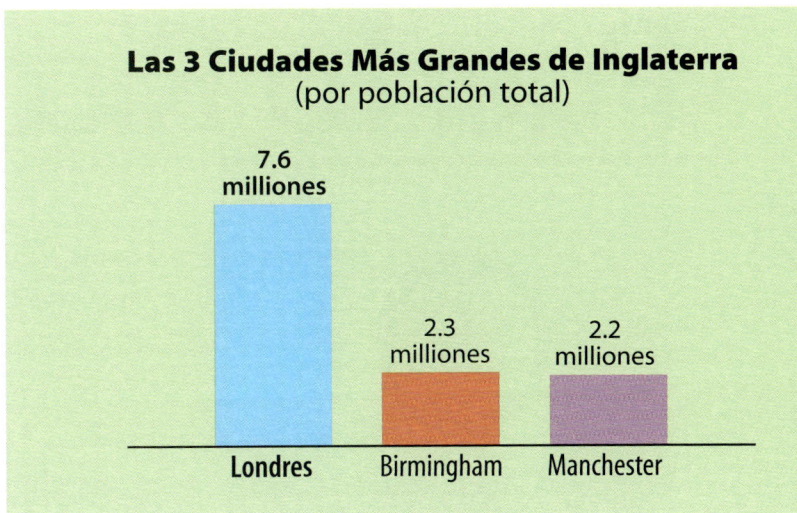

Las 3 Ciudades Más Grandes de Inglaterra
(por población total)

7.6 milliones		
	2.3 milliones	2.2 milliones
Londres	Birmingham	Manchester

Londres tiene pintorescos mercados, elegantes tiendas y muchos teatros. Asistir al teatro es una de las actividades nocturnas más populares.

Una tropa de guardias marcha frente al Palacio de Buckingham en Londres.

Puerto Rico

Puerto Rico es casi del tamaño del estado de Connecticut.

Si vives en los Estados Unidos, Puerto Rico está más cerca de lo que crees. Está situado a sólo 1,000 millas al sudeste del estado de Florida. Si viajas hacia allá, no habrás salido de los Estados Unidos. Puerto Rico es una **mancomunidad** de los Estados Unidos. Esto significa que recibe algunos servicios y protección del Gobierno de los Estados Unidos. Los puertorriqueños son **ciudadanos** americanos. Pueden vivir, trabajar y viajar libremente en los Estados Unidos. Sin embargo, los puertorriqueños que viven en la isla, no pueden votar en las elecciones presidenciales.

AMÉRICA DEL NORTE

Ecuador

OCÉANO ATLÁNTICO

San Juan

Mayaguez

Guayama

N
O   E
S

MAR CARIBE

Clave
★ Capital
● Ciudad principal

De un Vistazo

Nombre oficial: Estado Libre Asociado de Puerto Rico

Capital: San Juan

Área: 3,508 millas cuadradas

Población: 3,812,569 habitantes

Tipo de gobierno: Mancomunidad de los Estados Unidos

33% rural
67% urbana

Distribución de la Población

Principales cultivos: Café, plátano, piña, caña de azúcar, banana.

Principales industrias: Farmacéutica, electrónica, ropa, alimentos, instrumentos, turismo.

Recursos naturales: Algo de cobre y níquel, potencial de petróleo dentro y fuera de las costas.

Unidad monetaria básica: Dólar americano.

Principales idiomas: Español, inglés.

Principales religiones: Católica Romana, Protestante.

Puerto Rico es una pequeña isla de forma rectangular. Es ligeramente más pequeña que el estado de Connecticut. Más de 3.5 millones de personas viven en la isla caribeña.

Puerto Rico está al norte del **ecuador**. Esto significa que está en el **Hemisferio Norte**. Pertenece a un **archipiélago** o grupo de islas. Este grupo se conoce como Indias Occidentales o Antillas. Al norte de la isla está el Oceáno Atlántico. Al sur de la isla está el Mar Caribe. Al oeste está el

Hablemos de Geografía

Puerto Rico era originalmente el nombre de la ciudad de San Juan. A través de los años toda la isla fué conocida como Puerto Rico. ¿Porqué crees que este es un nombre apropiado?

Puerto Rico es una isla protegida por los Estados Unidos.

vecino más cercano de Puerto Rico, la República Dominicana. Al este están las Islas Vírgenes que también son parte de Las Antillas.

El pequeño Puerto Rico tiene una gran variedad de características físicas. Tres cuartos de su territorio es montañoso. Sus montañas del nordeste constituyen el único bosque de lluvia tropical de los Estados Unidos. A lo largo de sus costas hay hermosas playas. Estas atraen a millones de visitantes cada año. El turismo es una **industria** muy importante en la isla. La costa norte es el lugar de vacaciones más popular para la mayoría de los viajeros. Es también el área de la isla más densamente poblada. Hay muchos hoteles, resorts y edificios de apartamentos.

Las Muchas Comunidades de Puerto Rico

Los puertorriqueños pertenecen a muchas comunidades diferentes. Debido a que la isla es territorio de los Estados Unidos, existe una gran colonia de puertorriqueños que viven allá. La mayoría reside en la ciudad de Nueva York.

¿Qué Significa?

¿Sabías que la palabras *huracán* y *hamaca* vienen de Puerto Rico? La palabra *huracán* viene de la palabra taina que significa diablo, *jurakan*. La palabra *hamaca* es el nombre taino de un tipo de cama.

Grupos Étnicos de Puerto Rico

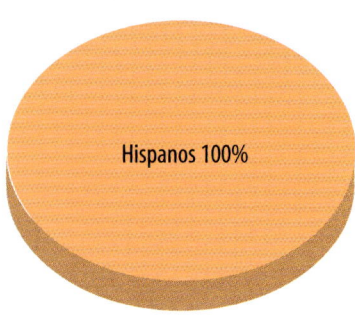

Hispanos 100%

Comunidades Étnicas

Puerto Rico es una mezcla de diferentes **grupos étnicos** hispanos. Cristóbal Colón proclamó la isla propiedad de España en 1493. España gobernó Puerto Rico por más de 400 años. Muchos colonizadores españoles se casaron con los pacíficos nativos, llamados tainos. Otros se casaron con esclavos africanos que fueron traidos a la isla a trabajar en las plantaciones de azúcar. Como resultado, la mayoría de los puertorriqueños son **descendientes** de españoles. Los idiomas oficiales de la isla son español e inglés.

En los últimos 200 años, a Puerto Rico han llegado gente de China, Líbano, Venezuela, Europa y los Estados Unidos. La isla también ha sido un lugar seguro para personas que huyen de problemas en otras islas de Las Antillas.

Comunidades Religiosas

La religión es muy importante en Puerto Rico. Por ejemplo, cuando se inagura un nuevo negocio u oficina un sacerdote católico imparte la bendición.

Casi todos los habitantes de Puerto Rico son cristianos. Cerca del 15% de la población practica varios credos protestantes. Pero la religión más común en Puerto Rico es la Católica. El Catolicismo fué traido a Puerto Rico por los colonizadores españoles hace casi 500 años. Hoy, casi el 85% de los puertorriqueños son Católicos Romanos. Pero sus prácticas son a menudo una mezcla de creencias católicas y creencias indígenas y africanas. La mayoría de las

La mayoría de la gente de Puerto Rico desciende de los españoles.

familias tienen en sus hogares imágenes o estatuas de santos hechas de madera. La gente a menudo pide a los santos ayuda o protección. Los niños son **bautizados** por un sacerdote poco después de su nacimiento. A los 7 años de edad hacen la primera comunión. Cuando tienen entre 11 y 13 años de edad usualmente son confirmados por la iglesia. En ese momento, los niños adoptan otro nombre, muy a menudo el nombre de su santo favorito.

La influencia del espiritismo indígeno y africano se puede observar en todo el país.

Los espiritistas son personas que se cree tienen poderes especiales. Algunos creen que pueden comunicarse con los muertos, curar los enfermos o predecir el futuro. Algunas ceremonias y costumbres espiritistas todavía se realizan, especialmente en áreas **rurales**. Por ejemplo, todo una aldea puede unirse a rezar para que llueva. Las personas también usan amuletos especiales para alejar el mal.

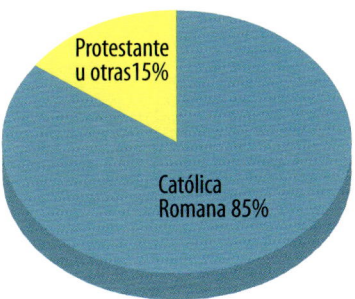

Principales Religiones de Puerto Rico

Protestante u otras 15%

Católica Romana 85%

De un Vistazo

Días de Fiesta y Festivales
El pueblo de Puerto Rico celebra la mayoría de los días de fiesta que se celebran en los Estados Unidos. Pero los puertorriqueños también celebran muchos días en honor de líderes y eventos importantes en la historia de la isla.

★Días de Fiesta Religiosos
La Navidad: 25 de Diciembre. Se asiste a la iglesia y se celebra con fiestas y comidas especiales, intercambio de regalos y visita de sorpresa a los amigos.

Día de los Reyes: 6 de Enero. Los niños reciben regalos a cambio de cajitas de yerba que dejan a los caballos de los 3 reyes magos.

Día de San Juan Bautista: 23 de Junio. Se celebra con un picnic en la playa y una recreación del bautismo de Jesucristo. Se honra a San Juan Bautista, patrono de la isla.

Una jovencita vestida para el carnaval anual de San Juan

Día de Santiago Apóstol: 25 de Julio. Se celebra con un desfile de bailarines enmascarados y disfrazados. Honra al apóstol Santiago.

★Otros Festivales
Festival de Pablo Casals: En primavera. Establecido por el famoso violonchelista cuya madre era puertorriqueña. Celebra la música clásica.

Comunidades Artísticas y Culturales

Puerto Rico es probablemente más conocido por sus importantes contribuciones al mundo de la música. La música tradicional puertorriqueña tiene raíces tainas, españolas y africanas. La influencia del ritmo africano se escucha en el popular estilo de música llamado salsa. La palabra se refiere a su ritmo picante. Tito Puente, un puertorriqueño-americano, popularizó la salsa en los Estados Unidos. La música clásica en Puerto Rico fue difundida por el famoso violonchelista Pablo Casals. Él fundó una escuela de música, una orquesta sinfónica, y un festival musical anual.

Vida Cotidiana

La vida cotidiana en Puerto Rico ha cambiado en los últimos 40 años. La mayoría de la gente acostumbraba a vivir y trabajar en aldeas agrícolas. Actualmente, casi dos tercios de la población viven en ciudades y áreas urbanas.

Tormenta de Ideas

El clima afecta la vida de la gente. Influye en la ropa que usan, los alimentos que comen, el tipo de casas en que viven y las actividades que disfrutan. ¿Cómo es el clima donde vives? ¿Cómo afecta tu manera de vivir?

Comunidades Educativas

Puerto Rico se convirtió en territorio de los Estados Unidos hace más de 100 años. En ese entonces, sólo una de cada cuatro personas sabía leer. Hoy, más del noventa por ciento de la población sabe leer y escribir. El sistema escolar puertorriqueño es muy similar al tuyo. Pero, los estudiantes aprenden sus clases en español. El inglés se enseña en todas las escuelas como segundo idioma.

Comunidades de Amigos

El baloncesto es el deporte más popular de Puerto Rico. Los niños se divierten en una

Una vendedora exhibe algunas frituras tradicionales de Puerto Rico.

Proyecto de la Comunidad

Hagamos Máscaras

Hacer máscaras es una forma de arte folklórico en Puerto Rico. Máscaras especiales llamadas vejigantes son talladas de coco y madera. Las usan en la famosa fiesta de Santiago Apóstol. También se tallan máscaras con forma de cabeza de animales.

Materiales
- Platos de cartón fuerte
- Marcadores o pinturas
- Plumas, hilo, botones, cuentas, serpentinas de papel crepé
- Elástico
- Tijeras, cinta adhesiva, grapadora, pegamento

Instrucciones
- Busca un dibujo o retrato de un animal que quieras representar.
- Utiliza marcadores o pintura para dibujarlo en tu plato.
- Añade adornos con botones, cuentas o hilo.
- Utiliza las plumas y serpentinas para decorar.
- Cuando la máscara esté terminada y seca, pégale el elástico detrás con cinta adhesiva para usarse como agarradera.

"ciudad deportiva" dedicada a Roberto Clemente. Es el jugador de béisbol más famoso de la isla. Y como Puerto Rico es una isla, las playas siempre están cerca. Los deportes acuáticos como la natación y el surfeo son actividades muy populares en la isla.

Asistir a los festivales es una de las actividades más disfrutadas por los amigos. Cada pueblo organiza un festival para honrar a su santo patrón. Generalmente hay un parque de atracciones con paseos y desfiles. La comida, la música y el baile son también parte de la diversión.

Comunidades Familiares
La mayoría de las familias modernas en Puerto Rico son similares a las familias en los Estados Unidos. Pero hay una costumbre familiar en Puerto Rico que es poco común en los Estados Unidos. Esto es que el niño tenga un padrino y una madrina. Esta es una relación familiar muy cercana y especial. Si es necesario los padrinos pueden hasta criar al niño.

Estudiantes trabajan juntos en la Universidad de San Juan.

San Juan

San Juan es la capital de Puerto Rico. También es su centro cultural y comercial. Más de un millón de personas viven en la ciudad. Esto es un tercio de la población de la isla. Millones de turistas visitan San Juan cada año.

San Juan es realmente dos ciudades en una. El viejo San Juan está localizado en una isla. Está unido a la isla principal por varios

Altos edificios y hoteles a lo largo de las playas de San Juan

Tormenta de Ideas

Los turistas que van a San Juan pueden visitar sus playas, fortalezas, teatros y tiendas. Pueden asistir a festivales y escuchar la orquesta sinfónica. ¿Que pueden hacer los turistas que visitan tu estado o ciudad?

puentes y una autopista. Aquí, calles estrechas y tortuosas nos llevan a tranquilas plazas. **Campanarios** de iglesias antiguas y **fuertes** macizos han sido preservados. Muchos fueron construidos por los españoles hace cientos de años. El recuerdo más famoso de los españoles es el inmenso fuerte en la bahía de San Juan, llamado

El Morro. Este es uno de los puntos de Puerto Rico más reconocidos.

El distrito del Condado es el centro comercial de San Juan. Es muy diferente al ambiente histórico del Viejo San Juan. Aquí, altos hoteles se extienden a lo largo de concurridas playas. Modernos edificios de oficinas y elegantes tiendas llenan el paisaje.

Los turistas y autobuses abundan en las congestionadas calles. San Juan es también uno de los **puertos** más activos del Caribe.

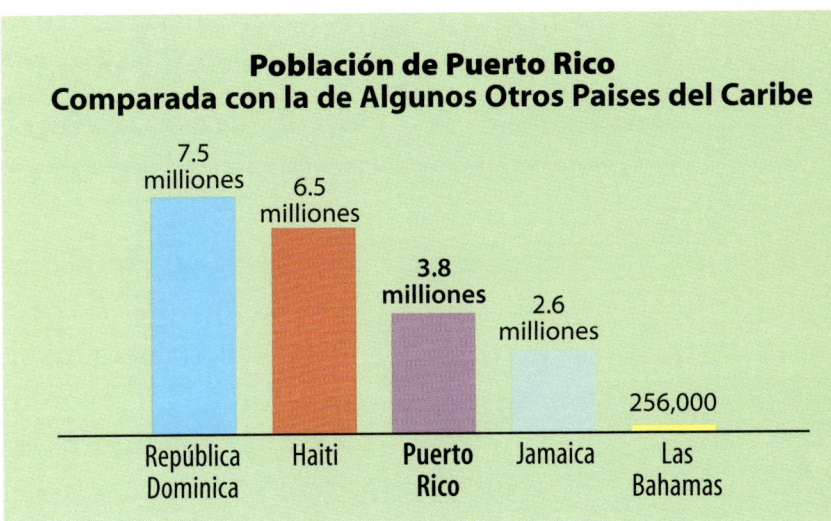

Población de Puerto Rico Comparada con la de Algunos Otros Paises del Caribe

República Dominica	Haiti	Puerto Rico	Jamaica	Las Bahamas
7.5 milliones	6.5 milliones	3.8 milliones	2.6 milliones	256,000

Una muralla antigua rodea el Viejo San Juan.

Las Antillas

Las islas de las Antillas también se llaman las Indias Occidentales, y por ese nombre podrías pensar que están cerca de la India. Así pensó Cristóbal Colón. Colón fué el primer europeo en llegar a estas islas. ¡Las llamó Indias porque pensó que había desembarcado en la India! Luego, las islas fueron llamadas Indias Occidentales. Esto para que no se confundieran con las islas de las Indias Orientales en el sureste de Asia.

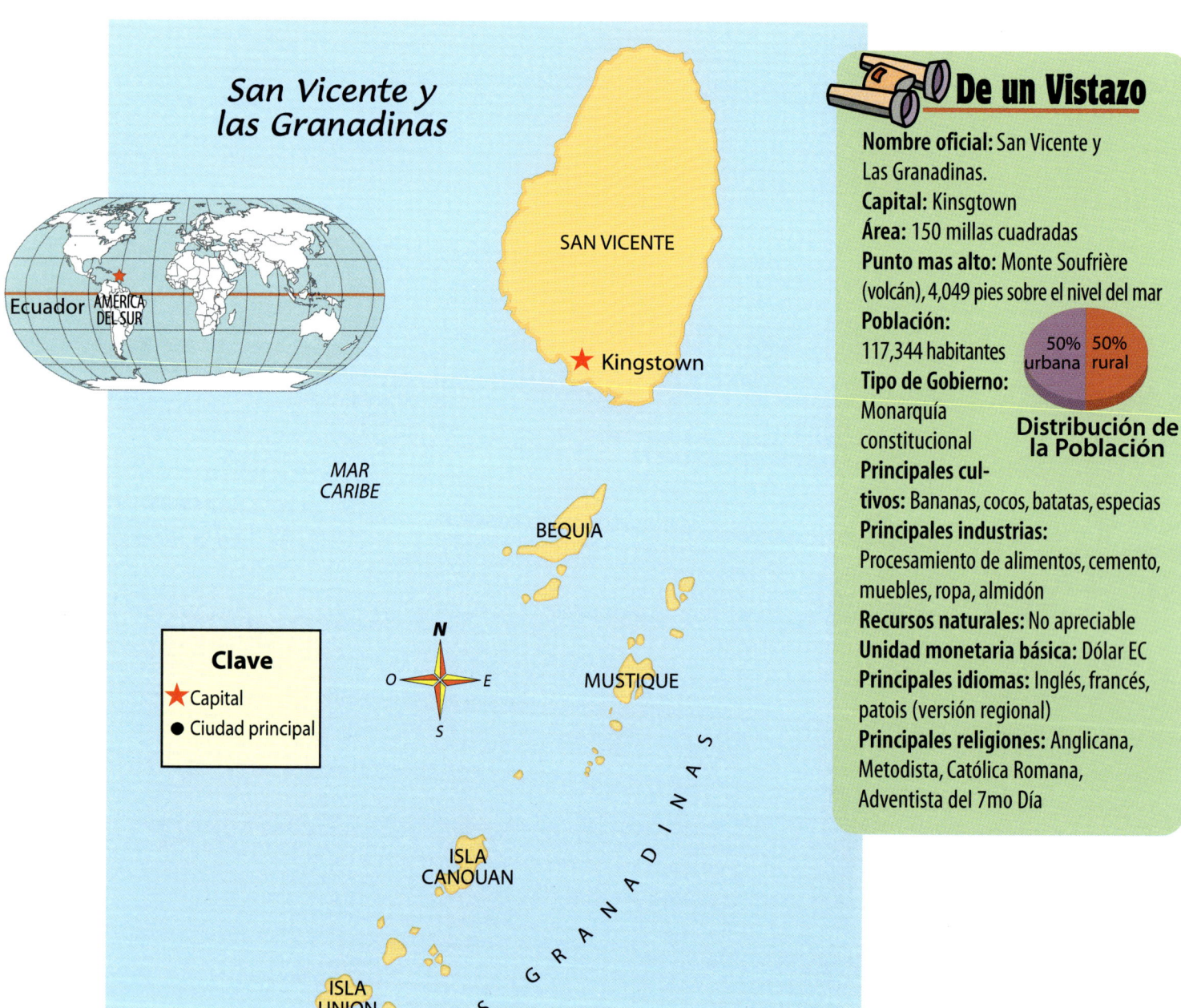

San Vicente y las Granadinas

Ecuador
AMÉRICA DEL SUR

SAN VICENTE

★ Kingstown

MAR CARIBE

BEQUIA

MUSTIQUE

ISLA CANOUAN

ISLA UNION

LAS GRANADINAS

Clave
★ Capital
● Ciudad principal

De un Vistazo

Nombre oficial: San Vicente y Las Granadinas.
Capital: Kinsgtown
Área: 150 millas cuadradas
Punto mas alto: Monte Soufrière (volcán), 4,049 pies sobre el nivel del mar
Población: 117,344 habitantes

50% urbana   50% rural

Distribución de la Población

Tipo de Gobierno: Monarquía constitucional
Principales cultivos: Bananas, cocos, batatas, especias
Principales industrias: Procesamiento de alimentos, cemento, muebles, ropa, almidón
Recursos naturales: No apreciable
Unidad monetaria básica: Dólar EC
Principales idiomas: Inglés, francés, patois (versión regional)
Principales religiones: Anglicana, Metodista, Católica Romana, Adventista del 7mo Día

Las Antillas están localizadas al norte del **ecuador**. Esto significa que están en el **Hemisferio Norte**. Las islas están en un área tropical (cálida) justo al norte del ecuador. Por esta razón tienen un clima cálido y húmedo apropiado para el cultivo.

La mayoría de la gente en Las Antillas vive de la agricultura. La caña de azúcar, bananas y otras frutas, café, algodón y tabaco son cultivos importantes.

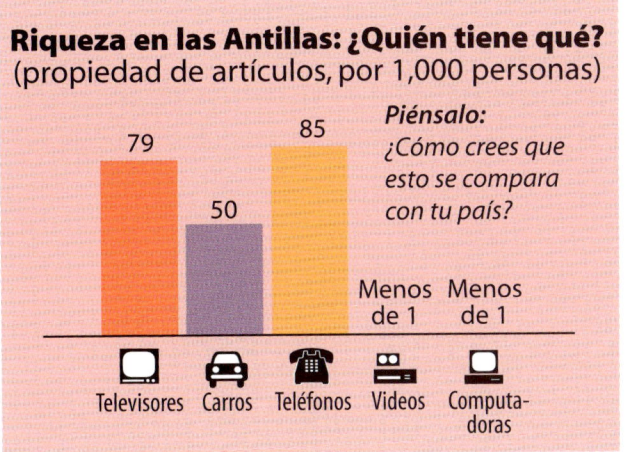

Riqueza en las Antillas: ¿Quién tiene qué?
(propiedad de artículos, por 1,000 personas)

Piénsalo:
¿Cómo crees que esto se compara con tu país?

Televisores	Carros	Teléfonos	Videos	Computadoras
79	50	85	Menos de 1	Menos de 1

Hablemos de Geografía

San Vicente es parte de una isla nación. ¿Puedes pensar en otros países que son islas?

Las Antillas forman un **archipiélago** o cadena de islas. La cadena incluye miles de islas. Se extienden por más de dos mil millas en el Mar Caribe entre América del Norte y América del Sur. La mayoría de las islas son cimas de montañas submarinas. Muchas fueron formadas por volcanes. Algunos todavía están activos. Otras islas están formadas de corales.

Sus playas de arena clara, aguas cristalinas y clima templado atraen millones de visitantes de todo el mundo a las Antillas. El turismo es muy importante para las islas. Excelentes muelles y profundas bahías proveen acogedores **puertos** para cruceros y barcos de carga.

Las palmas de coco abundan en la isla de San Vicente.

67

Las islas son muy bellas, pero su tranquilidad a veces es perturbada por violentos huracanes. La lluvia y los fuertes vientos de los huracanes destruyen edificios, hogares, factorías y cultivos.

Las Muchas Comunidades de Las Antillas

Casi treinta y cinco millones de personas viven en las islas de las Antillas. Cada isla habitada es una comunidad. Pero las islas tienen una historia similar y comparten muchas características.

Comunidades Étnicas

La mayoría de la gente que viven en las Antillas son descendientes de africanos. Los africanos fueron traidos por los franceses, españoles, ingleses y holandeses que usaban esclavos en sus plantaciones de azúcar. El resto de la gente desciende de **ancestros** mixtos negros y europeos.

Los antillanos hablan diferentes idiomas, dependiendo del país que haya gobernado su isla. Los idiomas oficiales más comunes son español, francés, holandés e inglés. Muchos antillanos hablan idiomas creoles. Estos son una combinación de idiomas africanos con español o francés.

Aunque las islas tienen una mezcla de razas, hay **prejuicios** contra la gente de piel oscura. Los blancos y personas de piel clara tienen mejores trabajos y un estilo de vida más confortable.

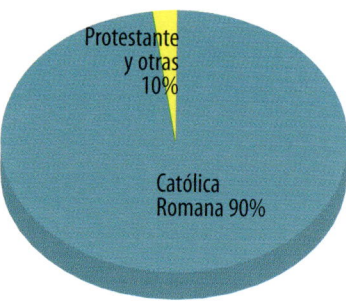

Principales Religiones de las Antillas

Protestante y otras 10%

Católica Romana 90%

Comunidades Religiosas

La mayoría de la gente en Las Antillas son cristianas. El Catolicismo fué traído por los colonizadores españoles y franceses. Es la religión más común. Se practican algunas religiones protestantes en las islas colonizadas por los ingleses y holandeses.

Muchas personas practican una mezcla de religiones tradicionales africanas y cristianismo. En Jamaica la pocomanía tiene muchos seguidores. A través de sus rituales, los creyentes esperan ser poseídos por espíritus. Luego, esos espíritus serán

Isleños realizan un bautismo en un rio.

sus protectores. El Vudú es tan fuerte en Haití que es reconocido como una religión oficial. En el Vudú hay dioses del fuego, la guerra, el amor, el agua y otras cosas. La música de tambores, el canto y el baile son partes importantes de las ceremonias de muchas religiones tradicionales de las islas. Los creyentes muchas veces caen en estado de **trance**.

El Rastafarianismo se inició en la isla de Jamaica. Está basado en algunos de los libros de la Biblia. Su nombre proviene de Ras Tafari, título del último emperador de Etiopía, un país de África. Muchos rasta-farianos creen que África es el verdadero hogar de las personas de ascendencia africana. Los rastafarianos sólo comen

alimentos naturales. Ellos no comen cerdo ni beben leche, café ni alcohol. La mayoría llevan sus cabellos en "dreadlocks," trenzas en forma de soga. La famosa música reggae tiene raíces rastafarianas

Comunidades Artísticas y Culturales

Las Antillas son mejor conocidas por sus fuertes tradiciones en la música y el baile. Diferentes religiones y gentes han añadido su influencia a la música de las islas. Los tambores, guitarras, instrumentos tipo flauta, y otros instrumentos como la maraca y la clave son elementos importantes de mucho de la música de las islas. La música reggae de Jamaica es popular en todo el

---

De un Vistazo

Días de Fiesta y Festivales

★ Días de Fiesta Nacionales

Días de la Independencia: Se celebra en distintas fechas en las islas que son naciones independientes. Desfiles, concursos, actividades musicales y artísticas y hasta intercambios de regalos son partes de las festividades en las diferentes islas.

★ Otros Días de Fiesta

Carnaval: Se celebra en muchas de las islas. Las festividades duran varios días al final del invierno o al inicio de la primavera. Incluye desfiles de comparsas en disfraces elaborados y máscaras vistosas, música, baile y comida especial.

Navidad y Pascua: Mayormente días de fiesta religiosos. Los árboles de navidad no son comunes. El intercambio de

regalos es sencillo. Las comidas especiales se disfrutan con familiares y amigos.

Diwali: Otoño. Celebración hindú del año nuevo. Celebrado en las Antillas por los descendientes de los hindúes.

Ramadán: Mes de abstinencia celebrado por los musulmanes antillanos.

Tormenta de Ideas

La música y el baile juegan un papel importante en las Antillas. ¿Celebras alguna fiesta con música, baile o canto? ¿Porqué crees que la música es importante en las celebraciones de tantas culturas?

Un agricultor trabaja cosechando arrurruz.

mundo. Su letra describe problemas de la vida diaria. A menudo tiene importantes mensajes religiosos rastafarianos sobre paz y amor. El músico jamaiquino Bob Marley fué una super estrella de la música reggae.

La música calipso de Trinidad es una mezcla de influencias asiática, española y africana. Tambores de acero o cacerolas hechas de latas de aceite recicladas le dan un sonido especial a esta música. La música de Puerto Rico y Cuba es rápida, caliente y picante, al igual que su nombre "salsa".

Bailes contagiosos como el mambo, rumba y cha-cha-cha provienen de las islas. El ritmo sabroso del merengue es tipico de la República Dominicana. Tal vez hayas bailado en alguna fiesta el famoso baile antillano llamado El Limbo.

Vida Cotidiana

Como vive la gente depende de la isla que se habita. Cada isla tiene diferentes costumbres, comunidades y maneras de vivir y de educar a sus hijos.

Comunidades Educativas

Las escuelas en las Antillas son gratuitas para los estudiantes entre 5 y 16 años de edad. La mayoría de las escuelas se encuentran en pueblos y ciudades. Los niños que viven en áreas **rurales** muchas veces tienen que caminar grandes distancias para ir a la escuela todos los días. Es común asistir a la escuela en diferentes turnos (tandas) porque no hay suficientes aulas para todos. Las familias ricas a menudo envían sus hijos a escuelas privadas dirigidas por las iglesias.

La mayoría de los niños de las Antillas usan uniformes para ir a la escuela. Las clases se enseñan en el idioma oficial de la isla—español, francés, holandés o inglés. A los niños, generalmente, se les enseña inglés como segundo idioma si este no es su idioma nativo.

Ya que muchas de las islas caribeñas son pobres, a menudo los niños dejan la escuela para trabajar y poder ayudar a su familia. Esto sucede tipicamente cuando el niño cumple 12 o 13 años de edad. En Haití, la más pobre de todas las naciones de las Antillas, sólo un niño de cada diez termina la escuela primaria.

Comunidades de Amigos

Por el clima templado, los niños pueden disfrutar durante todo el año de las hermosas playas con sus aguas azules y cálidas. Natación, surfeo y el buceo son actividades populares en las islas.

Lejos de las playas, los amigos juegan ajedrez, damas y dominó. Los deportes son también populares. Los isleños disfrutan tanto ver jugar béisbol, fútbol y criquet como practicar estos juegos populares. Volibol es otro juego favorito.

Proyecto de la Comunidad

Hagamos Murales

En las Antillas, murales brillantes y coloridos decoran iglesias, aeropuertos, edificios públicos y paredes de barrios. Los temas vienen de la vida cotidiana en las islas.

Materiales

- pinturas
- pinceles
- un pedazo grande de papel blanco

Instrucciones

- Elige una parte interesante de la cultura de la isla como vida familiar, deportes, festivales, música y baile, alimentos, paisaje, plantas o animales. También puedes elegir una isla específica para estudiar.

- Investiga más acerca del tema en libros, enciclopedias o el internet.

- Dibuja una escena basada en lo que has aprendido.

- OPCIONAL: Junta tu escena con las de tus compañeros para crear un gran mural en una pared de tu aula.

Debido a que en las Antillas hay mucha gente pobre, los niños en el campo a menudo tienen trabajos que hacer. Muchos deben cuidar sus hermanos menores. Otros cocinan y limpian. Otros ayudan a sus padres en el campo. En las ciudades niños de apenas 7 u 8 años de edad trabajan vendiendo periódicos o limpiando zapatos, para sobrevivir y ayudar a sus familias.

Comunidades Familiares

La familia extendida es especialmente importante en Las Antillas. Está compuesta por los abuelos, primos y familiares que viven cerca. La pobreza a menudo obliga a los hombres a mudarse en busca de trabajo. Algunos hasta tienen que viajar a otros países. Como resultado, las mujeres muy amenudo encabezan la familia en las Antillas.

Algunas familias blancas todavia practican costumbres europeas, como el té formal en el jardín.

San Vicente

San Vicente y Las Granadinas es un país joven. Ha sido independiente sólo desde el año 1979. Antes, fué gobernada por Gran Bretaña por casi 200 años.

El país entero consiste en la isla de San Vicente y casi 100 islas más pequeñas. Estas islas pequeñas forman una cadena llamada Las Granadinas. San Vicente es una isla montañosa cubierta en gran parte por plantas tropicales. Un volcán activo, el Monte Soufrière, eruptó durante el primer año de la independencia de la nación.

Como en gran parte de las Antillas, la mayoría de los más de 100,000 habitantes de San Vicente son descendientes de esclavos africanos. La mayoría de la gente vive en áreas rurales y trabaja en fincas. Los cultivos incluyen guineo, coco, especias y arrurruz, una fécula usada en los alimentos para niños.

El pueblo de Fancy en San Vicente fué cubierto de cenizas luego de la erupción del Monte Soufrière en 1979.

Uno de los peores problemas en las islas es la falta de empleos. Para aliviar este problema, los gobiernos carbeños han estado tratando de incentivar la **industria** del turismo. Aeropuertos y carreteras están siendo reconstruidos.

En años recientes, islas como San Vicente, Santa Lucía y San Kitts han tenido un crecimiento significativo en el turismo. El clima cálido, las playas limpias y el ambiente amistoso atraen a muchos visitantes de todas partes del mundo. En San Vicente se ha hecho mucho para mejorar el área alrededor del hermoso muelle en Kingstown, la capital del país.

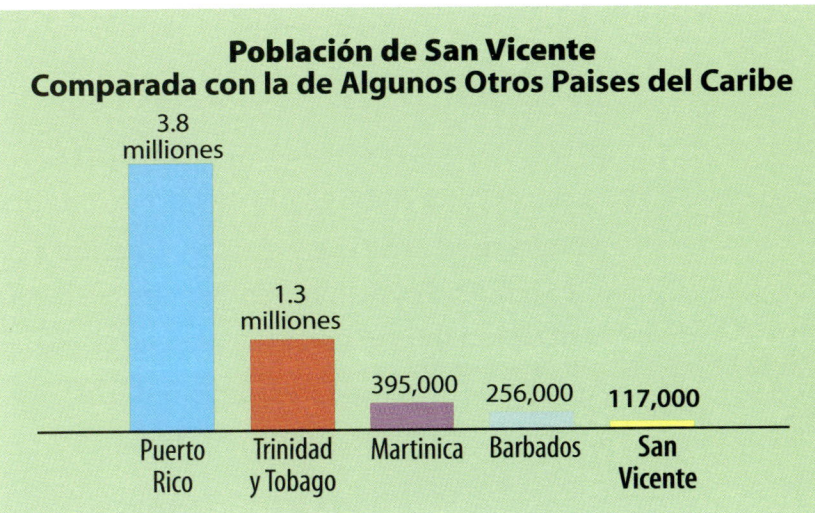

Población de San Vicente Comparada con la de Algunos Otros Países del Caribe

- Puerto Rico: 3.8 milliones
- Trinidad y Tobago: 1.3 milliones
- Martinica: 395,000
- Barbados: 256,000
- **San Vicente: 117,000**

Isleños en Kingstown juegan dominó para pasar el tiempo.

Glosario Estudiantil

Altar Estructura o lugar para rezarle a o adorar un ser determinado.

Ancestro Antecedente étnico y familiar. Los miembros de tu familia que vivieron hace mucho tiempo son tus ancestros.

Aparteid Política del gobierno de Sudáfrica que separaba los ciudadanos por su raza.

Archipiélago Cadena de islas compuesta de muchas islas cercanas. Las Antillas son un archipiélago.

Arquitectura Edificios y estructuras. Los edificios altos, iglesias y puentes constituyen la arquitectura de muchas ciudades.

Ateo Uno que niega la existencia de Dios

Barriada Barrio pobre; sector sobrepoblado, sucio, y descuidado. Muchas ciudades grandes alrededor del mundo tienen barriadas donde la gente vive en pobreza.

Bautismo/bautizar Ceremonia religiosa en la cual los niños cristianos son bañados ritualmente para darles la bienvenida a la comunidad religiosa.

Caligrafía El arte de la fina escritura. Las invitaciones de bodas a menudo tienen una bella caligrafía.

Campanario Estructura alta, generalmente con un techo puntiagudo, en la cima de una iglesia.

Ciudadanos Personas con total derechos bajo el gobierno de una nación. Los ciudadanos de los Estados Unidos están protegidos por la constitución; pueden votar y obtener pasaporte americano.

Cítrico Clase de fruta que típicamente tiene corteza áspera, pulpa jugosa, y un alto contenido de ácido.

Clima Tiempo regular; condiciones atmosféricas. El clima de la mayoría de las islas del Caribe es cálido.

Colonia Grupo de gente que se han mudado a nuevos territorios pero que mantienen sus lazos con el país o estado anterior. Pobladores ingleses establecieron colonias exitosas en América por primera vez en los años 1600.

Comunista/Comunismo Forma de gobierno en la cual un solo partido tiene la autoridad total sobre la mayoría de los aspectos de la vida diaria, incluyendo la economía del país.

Compás Un instrumento de navegación que indica la dirección (norte, sur, este, oeste)

Continente Masa de tierra grande y continua. Los siete continentes del mundo son Asia, Australia, Antártica, América del Norte, América del Sur, África y Europa.

Democracia Un gobierno del pueblo, en el cual los ciudadanos controlan el poder. Los Estados Unidos de América es una democracia.

Descendiente/desciende Una persona de una generación posterior con la cual nos une la sangre o el linaje; linea de familia. Eres descendiente de tus ancestros.

Dormitorio Complejo habitacional para grupos, usualmente en el entorno de una escuela.

Ecuador Linea imaginaria alrededor de la parte más ancha de la tierra, la cual separa el hemisferio norte del hemisferio sur.

Escaso Que falta o que hay poco. En un desierto, el agua es escasa.

Estepa Llanura plana y sin árboles.

Fértil Rico, productivo. La tierra fértil produce abundantes cosechas.

Fuerte/Fortaleza Muros y estructuras construidas con el propósito de protección o defensa.

Grupo étnico Un grupo de personas que comparten antecedentes raciales, nacionales, tribales, religiosos o culturales

Hemisferio norte La mitad de la tierra que se encuentra arriba (al norte) del ecuador.

Hemispherio sur La mitad de la tierra que está debajo (al sur) del ecuador.

Herencia Algo dejado por un antiguo miembro de la familia o un grupo cultural. Las personas que trabajan para preservar su historia familiar están orgullosos de su herencia.

Hinduismo Antigua religión hindú que tiene elementos de misticismo.

Industria Negocios importantes.

Inmigrante Persona que viaja a otro país en busca de nueva vida. Los Estados Unidos es una nación de inmigrantes de muchos paises.

Inventar Crear por primera vez. Los fuegos artificiales fueron inventados en China.

Islam Religión basada en las enseñanzas del profeta Mahoma, quien enseñó la adoración a un solo Dios, Alá.

Llanura Área plana, ligeramente ondulado y sin árboles.

Mancomunidad Asociación de estados o naciones gobernadas por ellas mismas pero que mantienen un liderazgo o una corona común. Puerto Rico es una mancomunidad, o estado libre asociado, de los Estados Unidos.

Meseta Área grande de tierra plana la cual se encuentra más alta que la tierra circundante.

Metro Tren urbano, usualmente subterráneo.

Mezquita Templo para el culto islámico.

Monarca Rey o reina.

Mosaico Diseño artístico o imagen creada con una serie de pequeñas piezas, normalmente azulejos de cerámica.

Musulmán Seguidor de la religión del islam.

Nómada Que se muda de un sitio a otro; sin hogar permanente.

Pasatiempo Recreación; entretenimiento. El béisbol ha sido llamado "el pasatiempo nacional de los Estados Unidos".

Pastar/Pastorear Alimentarse o dejar alimentar en un pasto. La vacas se pastorean en los pastos.

Patriotismo Orgullo por su país. Ondear o saludar a la bandera de tu país demuestra patriotismo.

Pobreza Miseria; carencia extrema. Gente sin ropa adecuada, comida o refugio viven en pobreza.

Porcelana Una cerámica dura. Teteras caras y muñecas de coleccionistas a menudo son hechas de fina porcelana.

Prejuicio Prejuzgar a alguien basado en características generales, tales como color de la piel, religión o antecedente étnico. Los grupos minoritarios en los Estados Unidos han sufrido prejuicios.

Profeta Una persona que tiene poderes especiales de intuición, generalmente espirituales. Mahoma fué el profeta que enseñó a las gentes la palabra del dios Alá.

Puerto Muelle. Los barcos atracan en los puertos para cargar y descargar la mercancía.

Químico Una sustancia, normalmente hecha por el hombre, diseñada para desempeñar una función específica.

Rasgo Una cualidad característica. La honestidad es un buen rasgo en el carácter de una persona.

Residencia Casa. La residencia oficial de la Reina de Inglaterra es el Palacio de Buckingham. Un residente es uno que vive en un lugar particular.

Rural Campestre; opuesto a urbano. Gran parte del Medio-Oeste americano es rural.

Segregar Separar. El sistema del aparteid segregó a los sudafricanos basados en el color de su piel.

Siglo Un período de 100 años. 400 años son cuatro siglos.

Sinagoga Casa de culto de los judíos.

Suburbio Parte periférica de una ciudad o pueblo, generalmente más residencial.

Tradición Costumbre; estilo o práctica establecida que ha sido utilizado por un largo período de tiempo. En el vigésimo quinto aniversario de bodas de una pareja, es una tradición regalarle algo de plata.

Trance Estado de estar hipnotizado o profundamente involucrado en algo.

Transportación/Transporte Medio de viajar.

Tundra Llanura plana, sin árboles y cubierta de nieve. Los lugares frios como Siberia y Alaska son mayormente tundras.

Urbano Densamente poblado, como las ciudades

Veld Llanura de pasto en Sudáfrica.

Para Más Información

Lectura Adicional

Blashfield, Jean F. *Enchantment of the World: England*. Danbury, CT: Children's Press, 1997.

Blauer, Ettagale. *Enchantment of the World: South Africa*. Danbury, CT: Children's Press, 1998.

Canesso, Claudia. *Places and Peoples of the World: South Africa*. New York: Chelsea House, 1989.

Charley, Catherine. *Country Fact Files: China*. Madison, NJ: Raintree/Steck-Vaughn, 1995.

Fradin, Judith Bloom. *From Sea to Shining Sea: Puerto Rico*. Chicago: Children's Press, 1995.

Ganeri, Anita. *Exploration into India*. New York: New Discovery, 1995.

Hodge, Alison Caribbean. *Country Fact Files: The West Indies.* Madison, NJ: Raintree/Steck-Vaughn, 1998.

Jones, Helen H. *Enchantment of the World: Israel.* Chicago: Children's Press, 1986.

Kalman, Bobbie. *The Lands, People, and Cultures Series: India the Culture.* New York: Crabtree Publishing Company, 1990.

McNair, Sylvia. *Enchantment of the World: India.* Chicago: Children's Press, 1990.

Nach, James. *England in Pictures.* Minneapolis, MN: Lerner Publications Company, 1990.

Patterson, Jose. *Country Fact Files: Israel.* Madison, NJ: Raintree/Steck-Vaughn, 1997.

Perrin, Penelope. *Discovering: Russia.* New York: Crestwood House, 1994.

Ramdin, Ron. *World in View: West Indies.* Madison, NJ: Raintree/Steck-Vaughn, 1991.

Sallnow, John. *Country Fact Files: Russia.* Madison, NJ: Raintree/Steck-Vaughn, 1997.

Steele, Philip. *Discovering: China.* New York: Crestwood House, 1994.

Thompson, Kathleen. *Portrait of America: Puerto Rico.* Madison, NJ: Raintree/Steck-Vaughn, 1996.

Torchinskii, Oleg. *Cultures of the World: Russia.* New York: Marshall Cavendish, 1994.

Waterlow, Julia. *Country Insights: China.* Madison, NJ: Raintree/Steck-Vaughn, 1997.

Videos y CD-ROMs

AAA Travel Video Series: Puerto Rico. VHS. Wehman Video Distribution, 1995.

Discovering China and Tibet. VHS. Educational Filmstrip & Video, 1995.

Fodor's: Great Britain. VHS. International Video Network, 1992.

Great Metros: Beijing and Hong Kong. VHS. International Video Network, 1996.

Great Metros: London and Calcutta. VHS. International Video Network, 1996.

Van Arsdale, William G. *Best of the Caribbean: Handbook Companion, The.* VHS. Van Arsdales Video Travel, 1987.

Video Visits: *Discovering England.* VHS. International Video Network, 1993.

Vvafr, Shalom Sesame. *Land of Israel.* VHS. Baker & Taylor Video, 1988.

Vvafr, Shalom Sesame. *People of Israel.* VHS. Baker & Taylor Video, 1988.

Soyinka, Wole Vvsbc. *Voice of Africa.* VHS. Baker & Taylor Video, 1992.

3D Atlas Video Bundle. CD-ROM. Eakin Publications, 1996.

20th Century Video Almanac. CD-ROM. St. Louis City Art Museum, 1995.

Sitios Web de Turismo

Las Antillas http://www.caribtourism.com

China http://www.chinatourpage.com

La India http://www.tourindia.com

Inglaterra http://www.visitbritain.com

Israel http://www.goisrael.com

Puerto Rico
    http://Welcome.toPuertoRico.org

Rusia http://www.tours.ru

Sudáfrica
    http://www.africa.com/captour/captour.htm

Embajadas: Direcciones, Números de Teléfono, y Sitios Web

China

2300 Connecticut Avenue NW,
Washington, DC 20008.
(202) 328-2500.
http://www.china-embassy.org

La India

2107 Massachusetts Avenue NW,
Washington, DC 20008.
(202) 939-7000.
http://www.indianembassy.org

Inglaterra (Reino Unido)

3100 Massachusetts Avenue NW,
Washington, DC 20008.
(202) 462-1340.
http://www.britain-info.org

Israel 3514 International Drive NW,
Washington, DC 20008.
(202) 364-5500.
http://www.israelemb.org

Puerto Rico (Chamber of Commerce)
100 Tetuan, P.O. Box S-3789,
San Juan, Puerto Rico 00902. http://fortaleza.govpr.org or Puerto Rico Federal Affairs Administration
http://www.prfaa-govpr.org

Rusia

2650 Wisconsin Avenue NW,
Washington, DC 20007.
(202) 298-5700.
http://www.russianembassy.org

San Vicente y las Granadinas

1717 Massachusetts Avenue NW,
Washington, DC 20036.

Sudáfrica

3051 Massachusetts Avenue NW,
Washington, DC 20008.
(202) 232-4400.
http://www.southafrica.net

Índice